D1692784

Wenn der erste Schnee fällt......

WLV

Wenn der erste Schnee fällt......

Weihnachtliche Erzählungen, Lieder und Ratschläge
vorgestellt von **Gustl Bayrhammer**

Die Erzählungen, Gedichte und Liedertexte
im bayerischen Dialekt verfaßte **Claus Dittmar**

Die Zeichnungen und das Titelbild
stammen von **Traudl, Walter und Andreas Reiner**

Herausgeberin **Sylvia von Lichem** sammelte
die Rezepte und verfaßte die Beiträge
zum bayerischen Brauchtum im Advent

WLV
W. Ludwig Verlag

Bildnachweis:
CMA S. 29, 46, 82, 137; Union Deutsche Lebensmittelwerke GmbH S. 37, 56, 114; Maggi-Koch-Studio S. 76; Aurora Mühlen GmbH S. 91; Pfanni Werke München S. 129; Dr. Marietta Lubarsch S. 10, 33; Studio Köstel S. 66, 142; Jürgen Stadtmüller S. 126; Fa. Hipp, Pfaffenhofen/Ilm S. 34; Ludwig Beck München S. 14, 49, 97, 122; Fremdenverkehrsamt Berchtesgadener Land S. 23, 52, 74, 78, 112, (S. 52 und 74 Foto Haberstock); Heinz von Lichem S. 88.

© 1988 W. Ludwig Verlag Pfaffenhofen + Lichems Verlagsanstalt
Idee, Konzeption und Realisation: Sylvia von Lichem
Gesamtherstellung: Lichems Verlagsanstalt München
Titelbild: W. + T. Reiner und Andreas Reiner, Fischbachau
ISBN 3 - 7787 - 3326 - 5

Inhalt

Vorwort	S.	8
Widmung	S.	9
Winta	S.	11
Vom Advent, dem Frauentragen und dem Klöpfelngehn	S.	12
Gmiatlich hock ma z'samm (Lied)	S.	16
Die Schneeballschlacht	S.	19
D'Ofenbankerl Polka	S.	21
Veranstaltungen zur Advent-und Weihnachtszeit	S.	22
Bauernregeln	S.	25
Das Engelamt	S.	26
Buttergebäck	S.	28
A Stückerl vom Leb'n (Lied)	S.	30
Die Schneeflocke	S.	32
Von Kerzen und Wachsstöcken	S.	33
Nußschnitten, Weihnachtsbäume und Geschenk-Päckchen	S.	36
Kreuzpullacher Klarinetten-Jodler	S.	38
Von der heiligen Barbara	S.	40
Da Wamsler	S.	42
Barbarabräuche	S.	45
Mandelschnitten und Vanilleplätzchen	S.	47
Auf'm Christkindlmarkt	S.	48
Weihnachtsstollen	S.	50
Vom Buttmandl-Laufen	S.	51
Die Legende vom heiligen Nikolaus	S.	54
Knusperhäuschen	S.	57
Schorschi und die Geister	S.	59
Nikolausbräuche	S.	62
Jetzt zünd't ma d'Kerzen o (Lied)	S.	63
Himmlische Gestalten aus dem Allgäu	S.	67

Steandal dan se putz'n (Lied)	S. 68
Krippenspiel in der Schul'	S. 70
A Vogerl	S. 73
Akkordeon-Menuett	S. 75
Christkindl Suppe	S. 77
Forelle mit Mandeln	S. 77
Die Perchten	S. 79
Koid is (Lied)	S. 81
Weihnachtsschinken	S. 83
Gespickte Hasenkeulen	S. 83
Da Owi	S. 84
Das Fastschnkindl vom Kloster Reutberg	S. 87
Früchtebrot	S. 90
Bratäpfel	S. 90
Da Wasserkessel hod g'sunga (Lied)	S. 92
Sebastian Osterrieder - Altmeister der bayerischen Krippenkunst	S. 94
Zinnfiguren als Christbaumschmuck	S. 96
Der verhängnisvolle Kirchgang	S. 98
Heid auf d'Nacht (Lied)	S. 102
Luzia und Thomas	S. 104
Steirer Krippen-Danz	S. 106
D'Kerzn	S. 107
s'Bengerl	S. 109
Christkindl- und Weihnachtsschießen	S. 111
Weihnachtsmann aus Lebkuchen	S. 115
Namenstage im Dezember	S. 117
Der Koinfahrer Sepp	S. 119
Warmer Bischof	S. 121

Krambambuli	S. 121
Der Christbaum	S. 123
Am Toni sei Briaf	S. 127
Ente mit Maronenfüllung	S. 128
Der Heilige Nachmittag	S. 130
Papa, I mecht gern in Himme neischau'n (Lied)	S. 133
Mohr im Hemd	S. 136
A schene Ficht'n	S. 139
Ulmer Zuckerbrot	S. 141
Oamoi im Jahr	S. 143
Zum guten Schluß	S. 144

Vorwort

Als ich den Gustl Bayrhammer kenneng'lernt hab, hab ich mich eigentlich gar nicht so recht getraut ihn kennenzulernen.

Er, der berühmte Volksschauspieler...
und i der kloane Schreiberling, dem a paar Liadl und G'schicht'n eig'foin san?

Mei, hob i mir denkt, denk da nix, ruf'n hoid o!
Wie er mi dann o'gruafa hod und a no g'sagt hod, daß er's macha mecht, weil des guat is und eam Spaß macha dad...
hob i erstmoi an Schnaps dringa miass'n!

Dabei war's so einfach!

Er woll't genau dasselbe wia i:

> Die Leit a Freid macha
> in unserer wuiden Zeit
> a bisserl a G'fühl
> und a G'miatlichkeit

und grad genau zwecks dem:

A ehrliches Dank'schön, Gustl

Widmung

Und da drauf a genau so ehrlichs: .....gern g'gscheng:

Und dabei is alles so einfach:
Mein unvergessener Kollege Rudolf Vogel hat einmal gesagt, es gäbe nur zwoaraloa (Theater hat er gemeint) - "falsch oder richtig, und wenn's richtig is k o o n n ' s guat wern.
Muaß aba net!"

Und Jean Gabin antwortete auf die Frage nach der Voraussetzung des Erfolgs (für einen Film) - 1. le livre, 2. le livre, 3. le livre!

Und für das "falsch oder richtig" und für das "le livre" muaß ma halt a Nosn ham.

Und hier zitiere ich jetzt Hans Moser in einem Film: "Der eine hat's, der andere hat's nicht - ich hab's - Gott sei Dank."

toi toi toi Claus Biederman

Ihr Gustl Bayrhammer

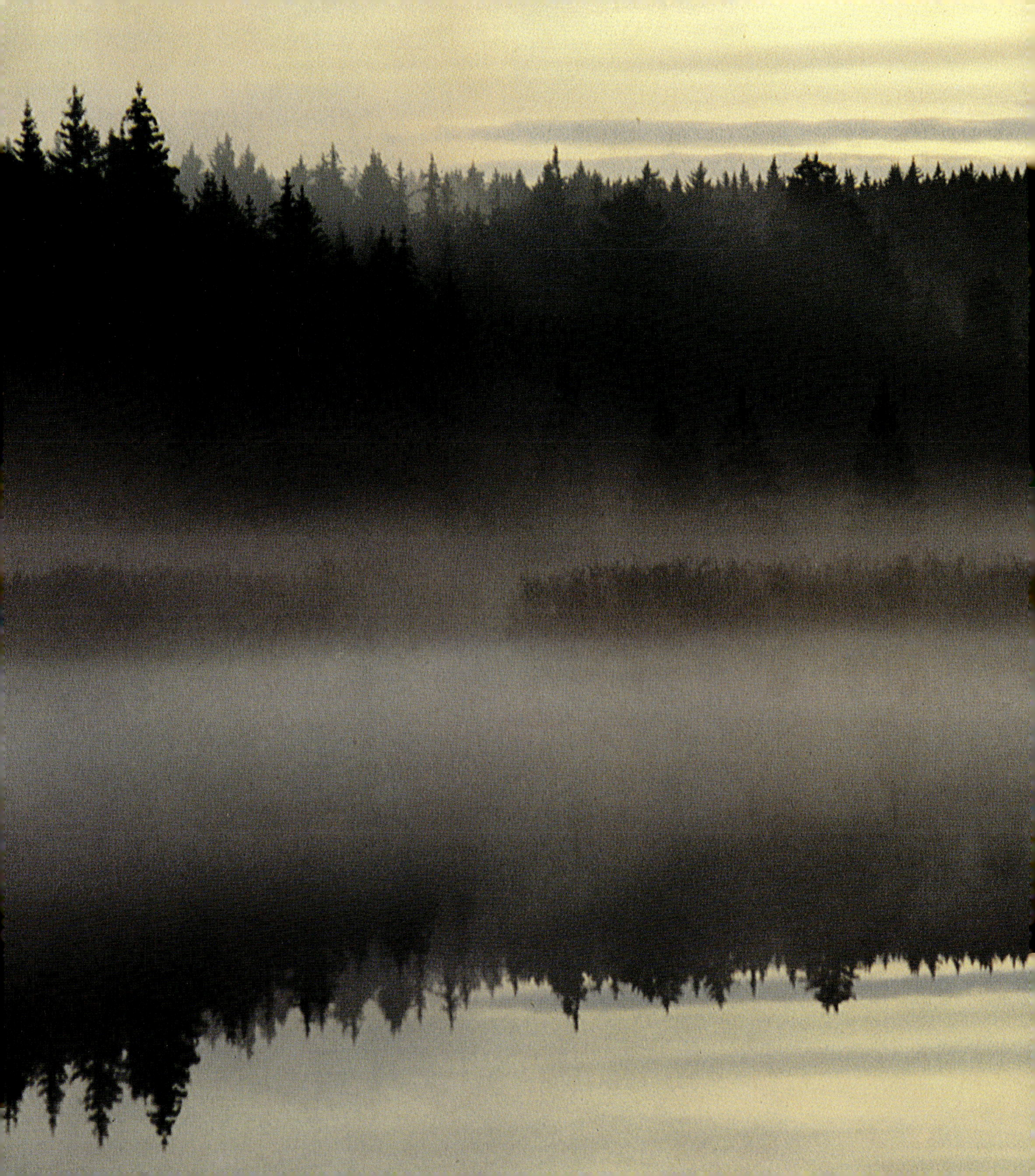

Winta

Wann da Herbst sei g'scheckate Lätschn ins Eck einastellt
und da Newe scho heisa vom Osten herbellt
Wann'd Grähweiba eanane eigstungna Pelz ausaziang
damit alle Mottn in da Frischluft krepiern
Und Vegl no schnei a foisch Liadl singa
bevor se si endlich in Südn schwinga
Wann se da Tog no rumraft mit da Nacht
wer heid woi de letzte Überstund macht
und wenn'd Hund eanane o'gstutzn Schwenz eiziagn
dann wer ma woi boid an Winta kriang!

g'scheckate = geschecktes Gesicht
Newe = Nebel
Grähweiba = Krenverkäuferinnen
Vegl = Vögel
schnei = schnell
schwinga = schwingen
o'gstutzn = kupierten
Schwenz = Schwänze

Vom Advent, dem Frauentragen und dem Klöpfelngehn

"Im Advent
Reicht man einander die Händ',
Um Neujahr,
Nimmt man sie gar."

Wie so vieles in unserem schönen Lande hat natürlich auch dieser alte Bauernspruch seine tiefgründige Bewandtnis. Am Kathreinstag dürfen die Burschen noch einmal ungestüm mit ihren Herzensdamen zum Tanze sich drehen, ehe der Advent dann Zeit zum Nachdenken läßt. Und so mancher Verliebte hat eben gerade in den langen Adventsnächten dann den Entschluß gefaßt, seine Herzallerliebste am Neujahrsmorgen zu fragen - ob sie vielleicht nicht doch für ganz bei ihm bleiben wolle....? Ganz so romantisch, wie in den vergangenen, oft zitierten alten Zeiten mag es zwar heute nicht mehr zugehen, aber hin und wieder wird schon immer noch etwas dran sein, an dem schönen alten Spruch.
Ob allerdings die jungen Damen heute noch in der Andreasnacht das Orakel befragen (30. November), wage ich zu bezweifeln. Früher jedenfalls goß man in der Andreasnacht zwischen elf und zwölf Uhr nachts geschmolzenes Blei in einen Topf mit kaltem Wasser. Die so entstehende Bleifigur deutete den Stand bzw. das Handwerk des Zukünftigen an - sofern man genügend Phantasie besaß das Gebilde auch richtig zu deuten.
Doch kehren wir zurück zum Advent und den heute bei uns in fast jeder Wohnung zu findenden Adventkranz. Ursprünglich stets ein grüner Tannenkranz hat der Adventkranz gerade in den letzten Jahren viele neue Gesichter erhalten - und eigentlich ist es ein bißchen schade, daß durch all den modischen Schnickschnak der schlichte grüne Kranz immer mehr aus der Mode kommt.

Seinen Ursprung hat der Adventkranz jedenfalls im hohen Norden genommen. Und wie auch der Christbaum ist er eigentlich eine Erfindung der evangelischen Kirche. Es wird berichtet, daß der erste Adventkranz 1860 von Johann Heinrich Wichern in Hamburg aufgehängt wurde. Wird er heute nur noch von vier Kerzen, symbolisch für die vier Adventssonntage geschmückt, so zierten ihn einst so viele Kerzen, als der Advent Tage zählte. In München hielt der Adventkranz 1937 Einzug. Angeblich hing er zum ersten Mal in St. Sylvester in Schwabing - so berichtet es jedenfalls Paul Ernst Rattelmüller.

Während der Adventskranz nicht über mangelnde Popularität klagen kann, ist ein anderer Brauch bei uns fast in Vergessenheit geraten. Die Rede ist vom sogenannten Frauentragen, welches wohl an die Herbergssuche erinnern soll und mancherorts auch als Herbergsgehn bezeichnet wird. In früheren Zeiten wurde, jedes Jahr von einem anderen Bauern, die geweihte Muttergottesstatue von den Kindern von ihrem angestammten Platz im Herrgottwinkel oder aus dem Glassturz in der guten Stube genommen und in ein anderes Haus getragen, wo sie über Nacht stehen blieb und erst am Spätnachmittag des nächsten Tages von den Kindern wieder abgeholt wurde, um im nächsten Haus Aufnahme zu finden. Natürlich sangen die Kinder dazu Herbergslieder. Eines der bekanntesten ist wohl das im Wechselgesang vorgetragene "Wer klopfet an?". Ein Herbergslied welches bei keinem Adventssingen fehlen darf.

Am Christtag wurde die Muttergottesstatue dann in die Kirche gebracht und erst nach der Christmette kehrte sie an ihren angestammten Platz zurück.

Vor allem in den Orten zwischen Salzach und Inn trifft man zur Adventszeit auch heute noch an den Donnerstagen zwischen Andreas und Thomas abenteuerliche Kindergestalten bei Einbruch der Dämmerung, die mit Lärm und viel Kettengerassel durch die Dorfstraßen ziehen. "Wir ziehen daher so spät in der Nacht, denn heut

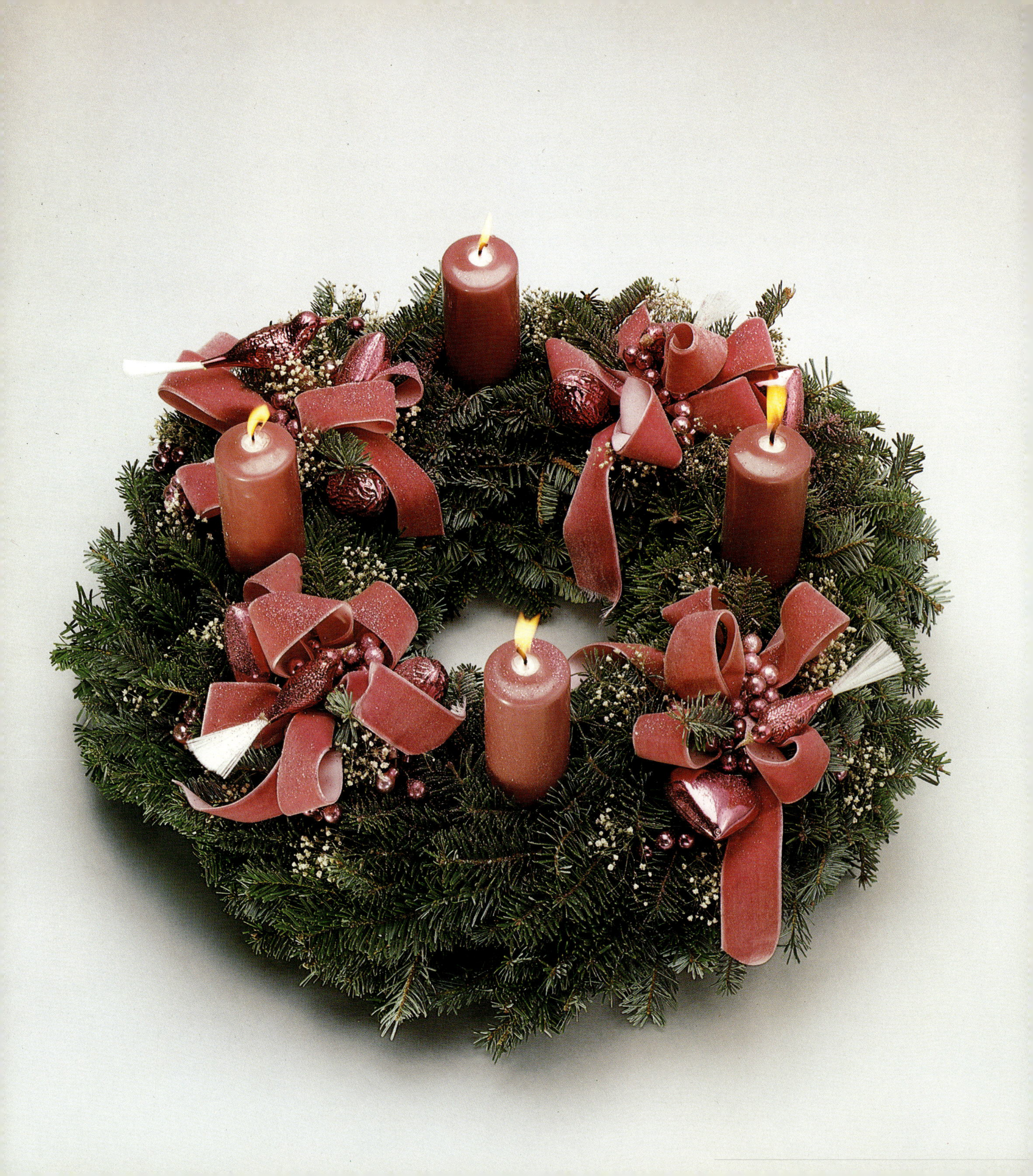

ist die heilige Klöpfelsnacht....", singen die mitunter schauderhaft vermummten und mit rußverschmierten Gesichtern unkenntlich gemachten Kinder und stürmen Geschäfte und Häuser um ihren Obulus zu ergattern. Die spenden werden in einem Sack gesammelt und später unter allen Beteiligten verteilt.

In grauer Vorzeit, als der Staat noch kein soziales Netz für jeden Armen bereit hielt, besserten die Minderbemittelten eines Dorfes mit dem Klöpfelngehn ihre Küchenzettel auf. Denn selten gab es mehr als etwas zum Essen. Geld wurde praktisch überhaupt nicht gespendet, eine ausrangierte Joppe oder eine zu weit gewordene Hose fand hingegen schon mal ihren Platz im Sack. Da die Klöpfler fast immer bis zur Unkenntlichkeit vermumt waren, brauchte sich auch anderntags keiner der Beteiligten zu schämen. Der eine nicht für seinen Geiz und der andere nicht für seine Bedürftigkeit.....

Das Klöpfelgehen ist übrigens einer jener Bräuche, die nicht nur im bayerischen Oberland, sondern weit über dessen Grenzen hinaus verbreitet sind. Man findet es im Bayerischen Wald ebenso wie im Donauries und in Niederbayern. Aber auch außerhalb der weißblauen Grenzpfähle kennt man den Brauch. Im Land Salzburg, wo in den zwölf Rauhnächten zwischen Weihnachten und Dreikönig auch noch die Perchten ihr Unwesen treiben, nannte man es "Rollen", da sich die beteiligten Bauernburschen mit Schlittenschellen (Rollen) behängten und diese mit ihrem Gebimmel die Anroller schon lange vor Erscheinen ankündigten.

Fürchten mußte und muß sich vor den Klöpflern aber niemand. Denn seit altersher verbindet sich mit den wilden Gestalten die Vorstellung, daß nicht Menschen sondern gute Geister das Haus betreten. Und diese verheißen ja bekanntlich Glück - welches man selbst in der heutigen Zeit noch gebrauchen kann!

G'miatlich hock ma z'samm

Musik: Hermann Weindorf					Text: Claus Dittmar

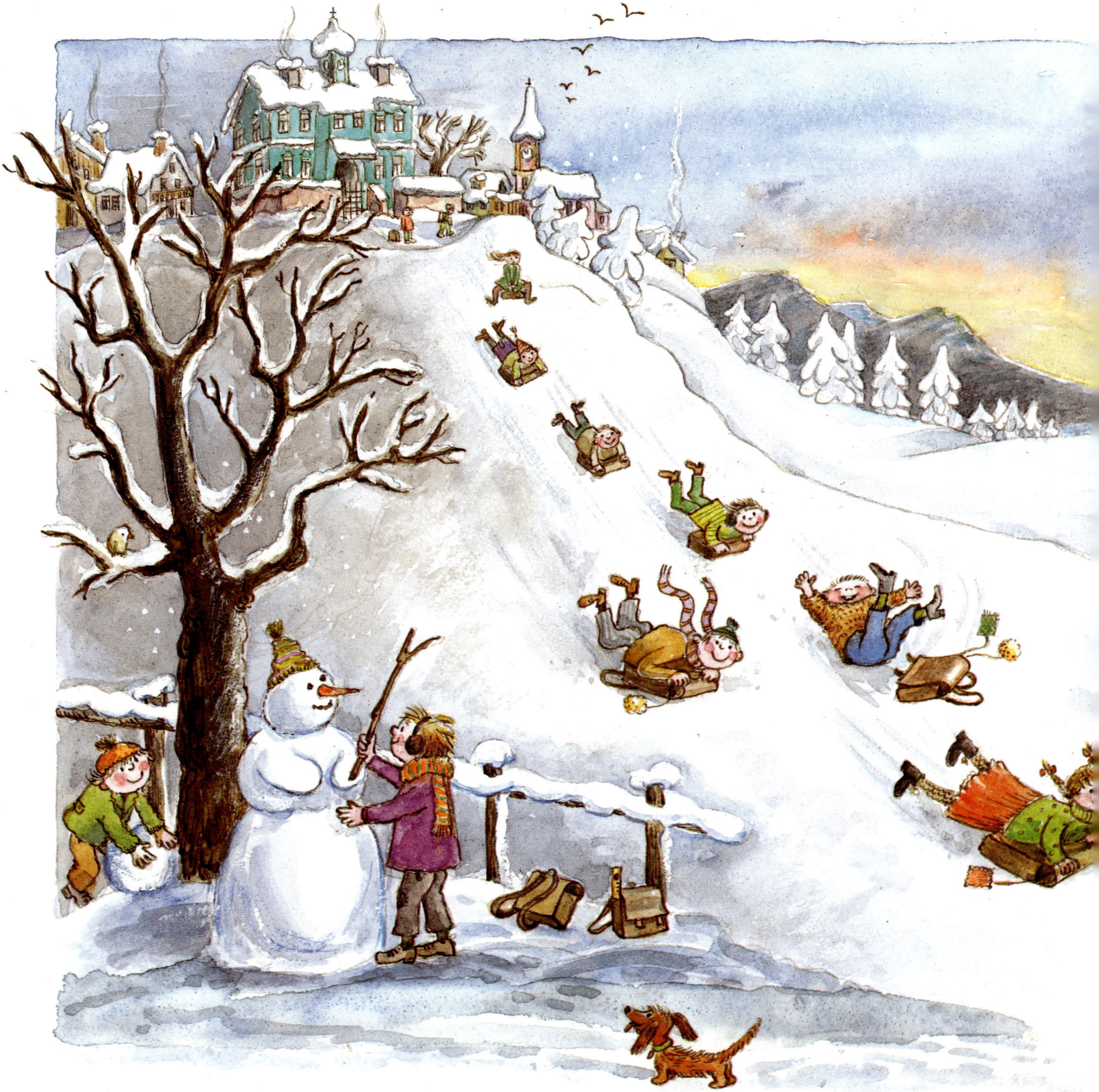

Die Schneeballschlacht

Es war oana von dene Dog, wo's uns eigentli net so recht g'haltn hod in da Schui.
Ganz nervös wara scho, da Schorschi.
De ganze Nacht hod's scho g'schneit g'habt und in da Friah hama scho mit de Schi ind Schui fahrn miassn, so hoch is da Schnee g'legn!
Und es hod a net so ausg'schaugt, ois obs boid aufhern dat.
Da Lehrer hod scho a paarmoi Tatzn odroht, wenn nomoi oana ausm Fenster schaut.
Aber es war so sche zum o'schaugn - wia de dickn Flockn obadanzt san und alles mit am staadn, koidn Weiß zuadeckt ham.
Sei Spezi, da Obermeier Beni, war a so oana, der liaba zum Fenster ois zua Tafel hig'schaut hod. Überhaupt warn de zwoa als Raufa und Auftreiber bekannt. Und da Lehrer hod oft g'sagt:
"Wenn i eier Vata war, dats statt am Christbam heier an Watschnbam gem"!
Und dann war's so weit! Ring, ring, ring, endlich war d'Schui aus.
Kaum warn d'Kinda aufm Schuihof, is a scho losganga. Da san d'Schneeboin g'flogn und grod g'rafft is worn und eig'seift.
Da Beni und da Schorschi natürlich mittndrin!
Am andern End vom Schuihof, war d'Meierwiesn. Da is na weidaganga.
An Schuiranzen runta, draufg'legt und hui is an Berg obaganga.
Schneekugln san g'wälzt worn und Schneemänner baut worn, grad zünftig war's und ans hoamgeh hod koana denkt!
Da hod da Beni auf oamoi g'sagt:
"Du Schorschi gehst no mit mia hoam? Meine Eltern san net do, da kemma no a bisserl spuin.

Schui = Schule
Friah = Frühe
boid = bald
Tatzn = Ohrfeige
nomoi = noch einmal
obadanzt = heruntergetanzt
staadn = stillen
Schneeboin = Schneebälle
g'rafft = gerauft
kemma = können wir
spuin = spielen

I hob nämli im Schlafzimmerschrank scho mei Weihnachtsg'schenk entdeckt.
Stei da vor, a elektrische Märklin-Eisenbahn!"
Da hod's an Schorschi g'rissn, da hods koa Zögern mehr gem!
Dahoam beim Beni ham's es na aufbaut. Und g'spuit und g'spuit und g'spuit und die Zeit total vergessen.
Wias nacha irgendwann amoi auf'd Uhr g'schaut ham, war's scho z'spät! Vui z'spät scho!
Die Dämmerung had scho eig'setzt g'habt.
Da is am Schorschi Angst und Bang worn, denn schließli hod er ja no über a Stund hoamg'habt.
Mei, isa do g'rennt. Aber es war nix mehr zum retten!
Da Vata is scho hinter da Tür g'standn und er hod grad no g'hört, wia d'Muata g'sagt hod:
"Net schlogn Vata!"
Aber scho hod's Batsch g'macht - und nomoi oane links und nomoi oane rechts!
Es warn net die ersten Prügel, die da Schorsch kriagt hod in seim Lebn, doch desmoi de kräftigsten.
Es war nämli ausg'rechnet der 6. Dezember: Und da Nikolaus und sei Krampus warn scho zwoamoi umsonst da!

Stei da vor = stelle dir vor
hoamg'habt = nach Hause gehabt

D' Ofenbankerl-Polka

Musik: Hermann Weindorf

Veranstaltungen zur Advent- und Weihnachtszeit in Bayern

Freitag vor dem 1. Adventsonntag
Eröffnung der Christkindlmärkte in Nürnberg und Regensburg

Samstag vor dem 1. Adventssonntag
Eröffnung des Münchner Christkindlmarktes

1. Adventssonntag / 2. Adventssonntag
Buttmandllaufen in Loipl und in Winkl b. Berchtesgaden

1., 2. und 3. Samstag / Sonntag im Dezember
Perchtenlauf in Kirchseeon b. Ebersberg

5. Dezember
Klausentreiben in Sonthofen im Oberallgäu

6. Dezember
Klausentag in Oberstdorf im Oberallgäu

Sonntag nach dem 4. Dezember
Barbarafest in Wackersdorf in der Oberpfalz

2. Donnerstag im Advent
Lichterzug der Kinder in Nürnberg

2. Wochenende im Dezember
Altrothenburger Weihnachtsmarkt (Rothenburg o. b. Tauber)

13. Dezember
Luziahäuslschwimmen in Fürstenfeldbruck

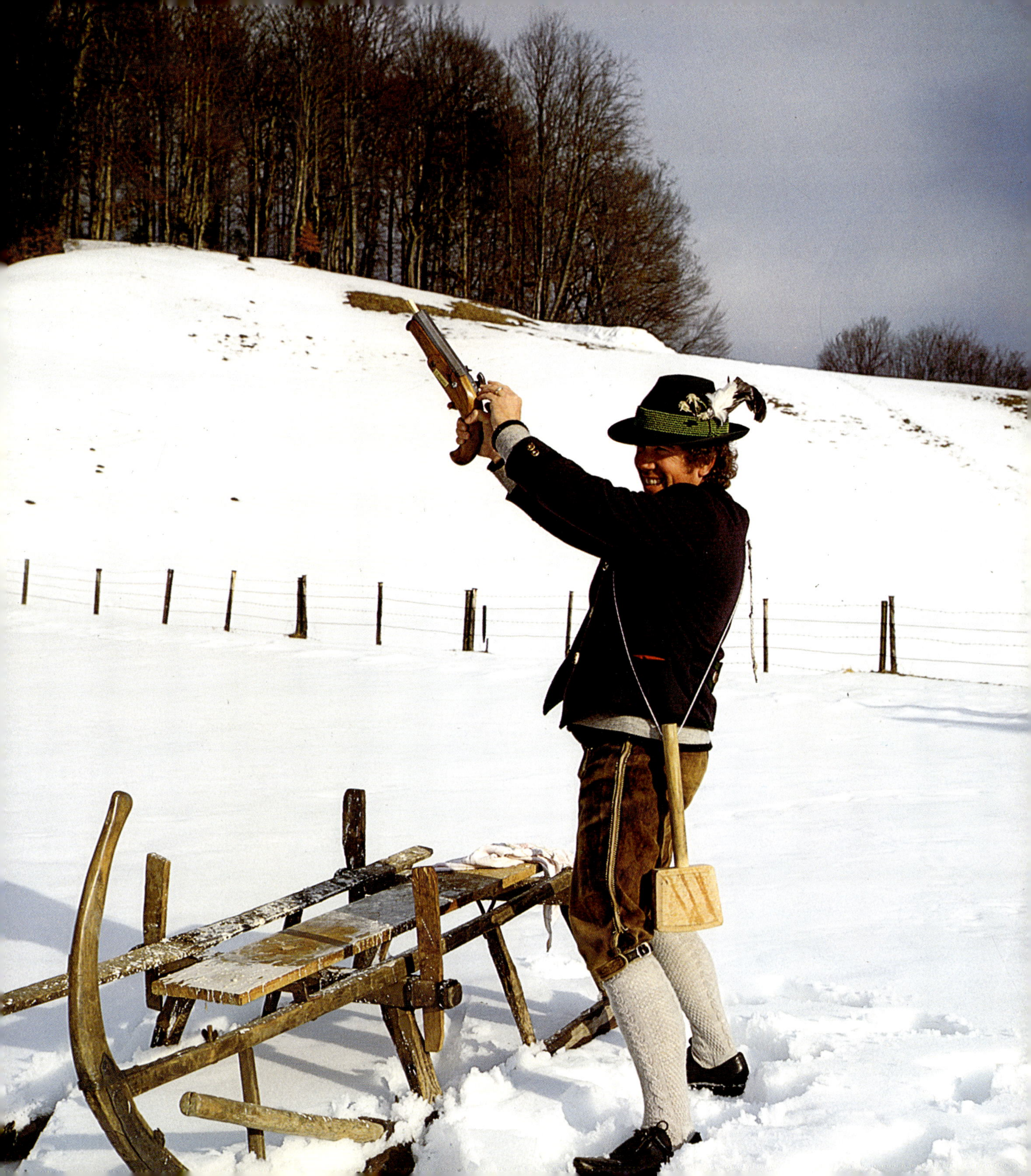

Sonntag vor Weihnachten
Christkindlanschießen in Berchtesgaden

24. Dezember
Weihnachtsschießen in Bayrisch Gmain und in Berchtesgaden

24. Dezember
Weihnachtssingen und Weihnachtsblasen in Fischen im Oberallgäu

31. Dezember
Neujahrsansingen in Höchstädt an der Donau

31. Dezember
Silvesterritt in Türkenfeld bei Fürstenfeldbruck

31. Dezember
Neujahrsansingen des Nachtwächters in Waldmünchen bei Cham (Opf.)

Auskünfte über all diese Veranstaltungen erteilen die örtlichen Verkehrsvereine.
In diese Liste wurden bewußt nur jene Veranstaltungen aufgenommen, welche allgemein zugänglich sind. Daneben finden natürlich noch unzählige Adventsingen statt, die man den Lokalteilen der Tageszeitungen entnehmen kann.

Bauernregeln

Ist Dezember mit viel Regen,
bringts nächste Jahr kein Segen.

Sitzt die Krähe zu Weihnacht im Schnee,
sitzt sie Ostern im Klee.

Dezember ohne Schnee
Tut erst im Märzen weh.

Christmond launisch und lind,
der ganze Winter ein Kind.

Regnets an St. Nikolaus,
wird der Winter streng und kraus.

Grünen am Christtag Feld und Wiesen
wird sie zu Ostern Frost verschließen.

Wie es Adam und Eva spendt,
bleibt das Wetter bis zum End.

Geht Barbara im Grünen,
kommt's Christkindl im Schnee.

Das Engelamt

"Rorate coeli" (Tauet ihr Himmel) sind die ersten Worte der Roratmesse, die im Volksmund besser als das Engelamt bekannt war. Da aber die lateinischen Meßtexte und -bezeichnungen immer weniger Leuten geläufig sind, weiß heute kaum mehr ein Kirchgänger mit diesem schönen alten Adventsausdruck etwas anzufangen. Natürlich gehört das Engelamt auch heute noch zum katholischen Advent - auch wenn die Roratemessen, die der Pfarrer zu lesen hat, merklich weniger geworden sind. Früher zahlte zumindest auf dem Dorf jeder Hof seine Rorate - heute bezahlen wir lieber den Eintritt zu einem Adventssingen. Ja, so haben sie sich geändert, die Zeiten.

Geändert haben sich allerdings auch die Anfangszeiten der Engelämter. Heute finden sie, wenn überhaupt, am Abend statt, aber ursprünglich wurde diese wohl fröhlich zu nennende Adventsmesse in den frühen Morgenstunden, zwischen fünf und sechs Uhr, abgehalten. Und wenn auch heute kaum einer von uns zu so nachtschlafener Zeit freiwillig sein warmes Bett verlassen würde, so pilgerten doch einst die mitunter weit verstreut lebenden Bewohner ganzer Dörfer zu ihren Engelämtern. Und nicht selten hat so mancher Besucher die Kirche vor lauter Schnee nicht gefunden.

Max Peinkofer hat so ein Engelamt, welches er im Bayerischen Wald vor dem Ersten Weltkrieg erlebte, anschaulich geschildert: "Reif hing an den Bärten und Kleidern, ...Schnee lag auf den Mützen und Tüchern.....Schon sind die Kerzen am Hochaltar, dem goldenen, angezündet. Blaue Tücher verhüllen seine edlen Bildwerke; denn die Zeit der Buße und Einkehr ist angebrochen. Die Sitzplätze des Kirchenschiffes sind dicht besetzt. Das junge Mannsvolk drängt sich nach allgemeinen Brauch in das Dunkel der Empore und auf die Treppen, die zur Orgel führen. Bald leuchtet ein Wachsstock nach dem andern auf, bis schließlich viele Hunderte von milden weißen Flammen das Gotteshaus in eine Lichterfülle tauchen, in einen weihevollen Schimmer, wie er durch noch so große und helle elektrische Lampen nie erreicht werden wird. Die helle Sakristeiglocke erklingt; die Orgel setzt mit fröhlichem Vorspiel ein; Rauchwolken steigen empor; die Hände des Priesters heben sich segnend die goldene Monstranz; andächtig klopft das Volk an die Brust. Das Engelamt nimmt seinen Anfang und der Priester fleht: Rorate coeli desuper! Tauet Himmel, den Gerechten! Droben auf dem Chor musizieren und singen sie jetzt eine weihnachtlich heitere Messe .....So anmutig vereinen sich die vielerlei Stimmen der Sänger und Sängerinnen zum Lob des Christkindes, das uns bald den Himmel aufsperren wird..... (aus "Bayerisches Brauchtum im Jahreslauf", von P. E. Rattelmüller)."

Buttergebäck

500 Mehl
1/2 TL Backpulver
210 g Zucker
1 Vanilleschote
2 Eier
250 g Butter
250 g gemahlene Haselnüße
2 EL Puderzucker
Zitronensaft

10 g Kakao
2 EL Zucker
1 Eigelb

Lebensmittelfarben, Perlen, Zuckerschrift

Mehl mit Backpulver mischen und auf eine Arbeitsplatte sieben.
In eine Vertiefung in der Mitte gibt man den Zucker und das Mark einer Vanilleschote sowie zwei Eier. Diese vermischt man zuerst mit dem Zucker und dann mit dem Mehl. Butter in Flöckchen auf dem Mehlrand verteilen, rasch unterkneten und den Teig ca. 1 Std. im Kühlschrank ruhen lassen.
Zum Verarbeiten teilt man den Teig in drei gleichmäßige Teile, zwei Teile, wandern zurück in den Kühlschrank. Das restliche Drittel wird mit den Haselnüssen verknetet und ausgerollt. Mit einer runden Form oder einem Glas werden kreisrunde Plätzchen ausgestochen, in die Mitte eine Haselnuß gedrückt. Bei Mittelhitze ca. 10 - 20 Min. ausbacken. Noch warm mit 2 EL Puderzucker, der mit Zitronensaft verrührt wurde, bestreichen.

Unter das zweite Teigdrittel mischt man den Kakao und wieder 2 EL Zucker. Dünn ausrollen und einige braune Plätzchen ausstechen. Ein Rechteck, ca. 10 x 20 cm ausrollen, ein gleiches Rechteck vom weißen Teig ausrollen, mit Eigelb bestreichen, das braune Rechteck daraufsetzen, längs zusammenrollen und mit dem Messer ca. 1/2 cm dicke Scheiben abschneiden, leicht flachdrücken und ebenfalls 10 - 20 Min. ausbacken.

Den restlichen Teig ausrollen, ausstechen und nach eigener Phantasie dekorieren mit Lebensmittelfarben, Zuckerperlen oder Zuckerschrift.

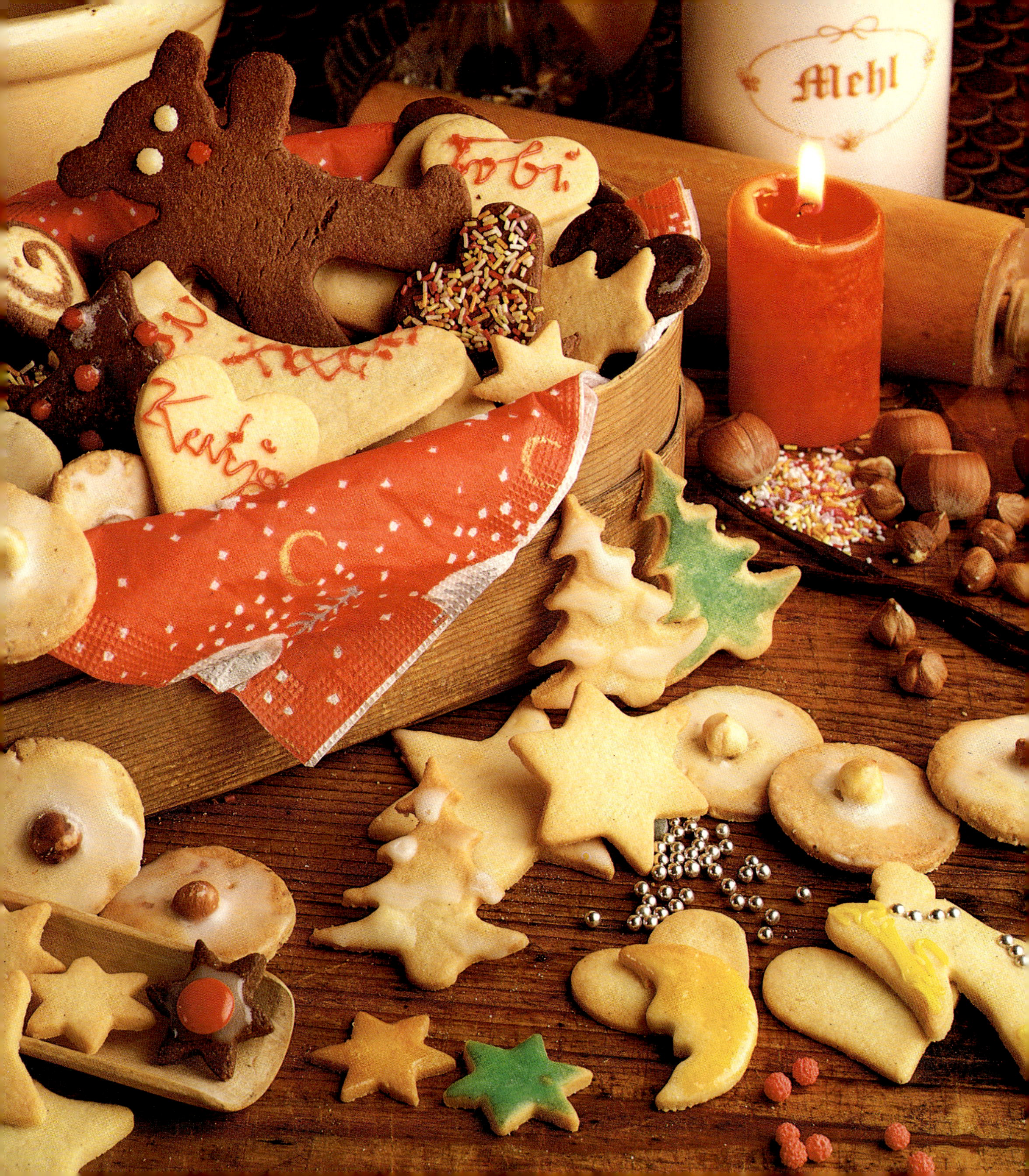
Mehl

A Stückerl vom Leb'n

1. Wenn da Tag an dei Tür klopft und du laßt-'n ins Haus waaßt net wia da Tag sei werd wia geht's heid wie-der aus. E-r reißt di in d'Höh' nauf und er laßt di diaf foin; doch er fragt di be-stimmt net wi-a hätt's das gern woin!

Refr.: Wenn's lafft, wia's hoid lafft, werd's koan an-dern Weg geb'n, dann is hoid wia's sei soi a

Stü - ckerl vom Leb'n

Musik: Hermann Weindorf   Text: Claus Dittmar

2. Wenn de Stub'n bacherlwarm is
und da Wind eisig pfeift,
as Kaminfeuer gierig
nach de Holzscheitel greift.
A Musi dann aufspuit
und as Essen war guat;
dann spürst wia dei Herz schlagt,
wia guat da des duat.

Refr.: *Wen's lafft, wia's hoid lafft,*
werd's koan andern Weg geb'n,
dann is hoid, wia's sei soi -
a Stückerl vom Leb'n.

3. Wenn da Mensch oamoi lernat,
was da Mensch wirklich is,
dann war eam da Segen
vom Herrgott ganz g'wiß;
wenns'd g'schnoit hast, wos lang geht,
dann geht's da a guat;
vergeh'n alle Tränen,
erlischt jede Wuat.

Refr.: *Wenn's lafft, wia's hoid lafft,*
werd's koan andern Weg geb'n,
dann is hoid, wia's sei soi -
a Stückerl vom Leb'n.

Die Schneeflocke

I geh so spaziern, fast mechstas net glaubn
da setzt si a Schneeflockn frech auf mei Haubn
Des war ja nix b'sonders, des kons scho moi gebn
da fangt doch de Schneeflockn o mit mia z'redn:

Brauchst fei net denga, daß i zufällig da sitz
und umsonst auf deim woillnanen Schikappe schwitz
i hob mi vaflogn. bittschön zoag ma an Weg
wo's schneistens zum Münchner Christkind-Markt geht!

mechstas = möchtest Du es
denga = denken
wiollnanen = wollenen
schneistens = schnellstens

Von Kerzen und Wachsstöcken

Adventszeit und Weihnachten ohne Kerzenschein? Eigentlich kaum vorstellbar. Aber wohl kaum einer von uns hat sich je Gedanken darüber gemacht, wie diese wächsernen Kunstwerke denn entstehen. Oder wissen Sie es? Natürlich weiß heute jedes Schulkind bereits, daß Kerzenwachs aus Bienenwachs hergestellt wird. Aber damit hört's dann meist auch schon auf, das Wissen über Kerzen.

Deshalb haben wir uns in einer alten Wachszieherei einmal umgesehen und, wie es so schön auf Neuhochdeutsch heißt, sachkundig gemacht. Da das Wachs des Bienenstockes ja stets von mehr oder weniger intensiver gelber Farbe ist, andererseits aber nicht jede Kerze gelb sein soll, muß das Wachs gebleicht werden. Bediente man sich in grauer Vorzeit dazu lediglich der Kraft der Sonne, so hat heute längst die Chemie die Herrschaft bei dieser Arbeit übernommen. Allerdings kostete diese Neuerung auch ihren Preis. Der Wohlgeruch des sonnengebleichten Wachses ging verloren - Schwefelsäure, Hauptbestandteil beim chemischen Bleichvorgang, wird im Geruch kaum mit Honig verwechselt werden. Nach dem Bleichen wird das geschmolzene Wachs mittels einer Handzugbank gezogen. Ein besonderes Augenmerk muß der Wachszieher dabei auf die Temperatur des Wachses haben. Ist es nämlich zu heiß, klebt es zusammen, ist es zu kalt, bricht der Kerzenstrang in lauter kleine Stücke. Ein auch heute noch viel Fingerspitzengefühl erforderliches Handwerk und wer einmal Gelegenheit hat einem Wachszieher bei der Arbeit zuzusehen, der sollte sich die Zeit dafür nehmen. Nach dem Ziehen werden die Wachsstränge in handliche Kerzenlängen geschnitten. Wer nun aber glaubt, er hätte nun endlich eine fertige Kerze, der irrt. Ehe sie uns mit ihrem milden Lichte erfreuen, müssen sie noch in warmes Wasser gelegt, "geköpfelt" und schließlich und endlich mit Mantelwachs übergossen werden. Und erst

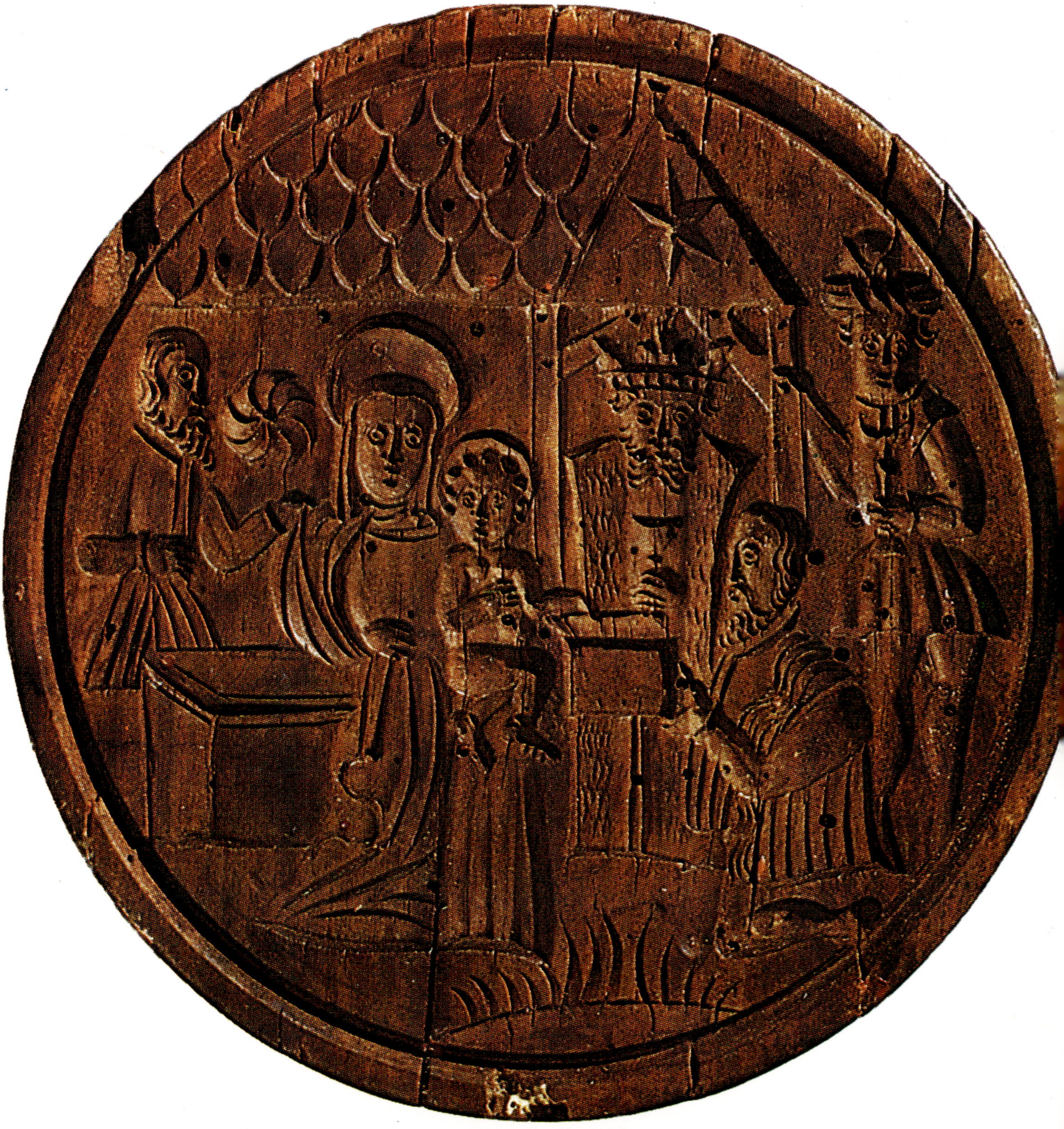

jetzt werden die Kerzen verziert - in dem man dünne Wachsplättchen, die verschiedenfarbig gefärbt sind, ausstanzt, auf die Kerzen auflegt und mit Klebewachs haftbar macht.

Schon seit alters her nimmt die Kerze als Opfergabe einen wichtigen Platz ein. Zünfte und Bruderschaften stifteten große Kerzen, um alle Arten von Übel abzuhalten. Eine besonders schöne Sammlung von Votivkerzen befindet sich im Wachsgewölbe des Klosters Andechs, welches im Gegensatz zu Altötting die Kerzen nicht von Zeit zu Zeit einschmelzen ließ.

Eine spezielle Kerzenform stellt der Wachsstock dar, bei dessen Herstellung ein dünner Wachsstrang kunstvoll um ein flaches, rechteckiges Hölzchen gelegt wird. Der fertige Wachsstock wird dann mit Ölfarbe bemalt und mit aus Wachs gestanzten Blüten, Blättern und Ornamenten verziert.

Der Wachsstock wurde gerne zu Lichtmeß, als Dank für die geleistete Arbeit verschenkt und ein an Lichtmeß geweihter Wachsstock war ein besonderer Schutz vor Krankheit und Unglück.

Jede Wachszieherei legt heute noch ihren ganzen Stolz in die Herstellung der möglichst kunstvollen Wachsstöcke. Wenn Sie also noch kein Weihnachtsgeschenk haben - vielleicht wäre so ein prachtvoller Wachsstock mal eine Idee?

Nußschnitten, Weihnachtsbäume und Geschenk-Päckchen

250 g Sanella und Sanella für das Blech
200 g Zucker
1 P. Vanillinzucker
1 Prise Salz
4 Eier
200 gemahlene Walnüsse
250 g Mehl
3 TL Backpulver " Backin"
250 g Puderzucker
2 TL Pulverkaffee
3 EL Weinbrand
2 - 3 EL Wasser
Walnußkerne zum Verzieren
dunkle Schokoladenglasur
Bonbons
Aprikosenkonfitüre
Marzipan

Sanella schaumig rühren, dann Zucker, Vanillinzucker, Salz und Eier darunterrühren. Die gemahlenen Walnüsse zufügen und nach und nach das mit Backin gemischte Mehl unterrühren. Ein Blech fetten, den Teig daraufstreichen und im vorgeheizten Ofen backen. Inzwischen Puderzucker, Pulverkaffee, Weinbrand und Wasser zu einem Guß verrühren. Den fertigen Kuchen noch heiß in Quadraten oder Dreiecke schneiden. Die Dreiecke entweder mit Walnußkernen bekleben oder mit Zuckerguß beziehen. Dunkle Schokolade erwärmen. Etwas in einen Spritzbeutel geben und Streifen auf den noch feuchten Guß spritzen. Mit einem Hölzchen in der Mitte zur Spitze hin ziehen, daneben jeweils nach unten. Die "Tannenbäume" mit kleinen Bonbons garnieren.

Für die "Päckchen" die Quadrate mit erwärmter Konfitüre, dann mit Zuckerguß bestreichen. Trocknen lassen. Marzipan ausrollen. Streifen schneiden und um die Päckchen legen.

E-Herd: 200°C   G-Herd: Stufe 4
Backzeit: etwa 15 Minuten

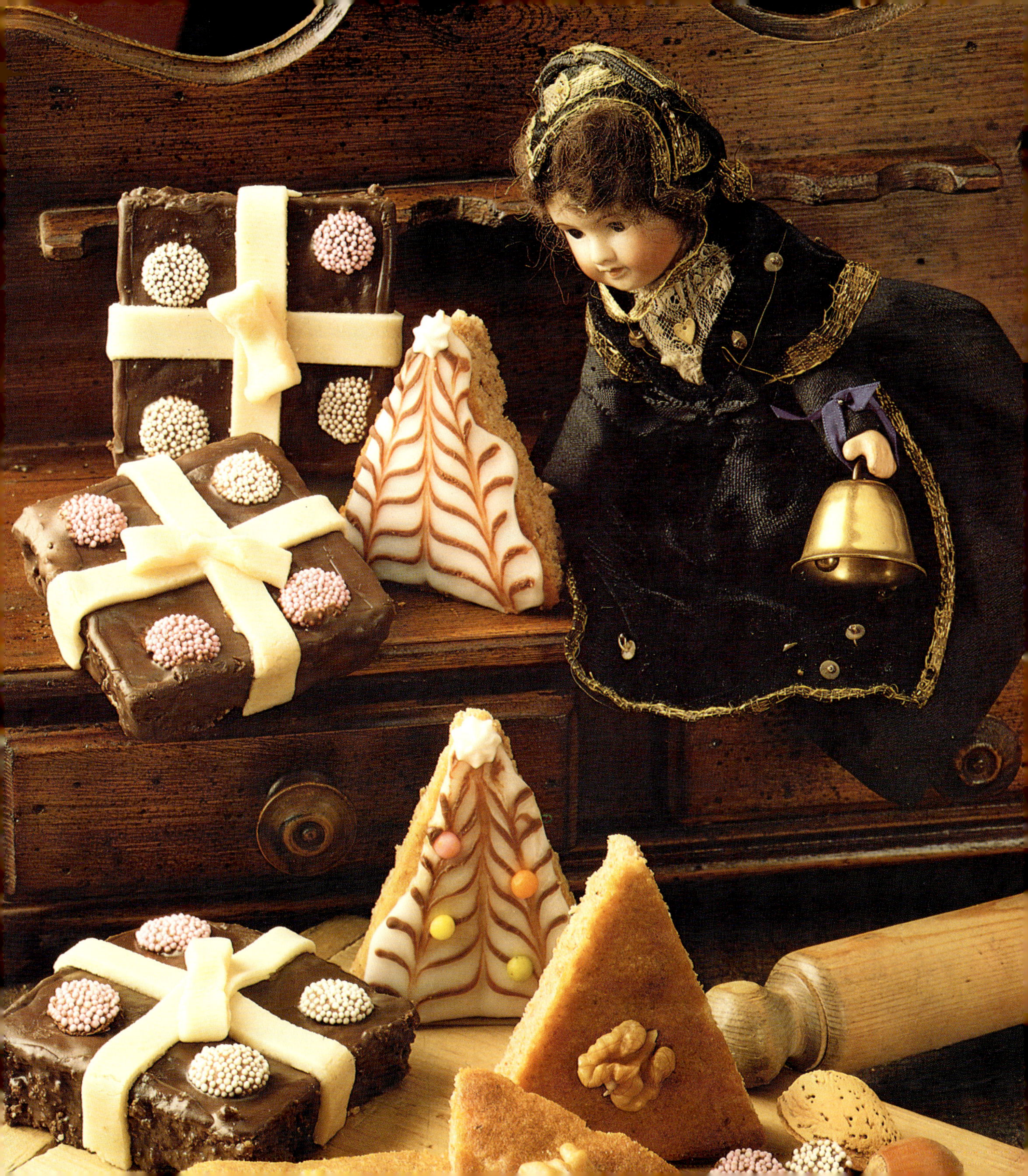

Kreuzpullacher Klarinetten - Jodler

Musik: Georg Schwenk (Trad.)

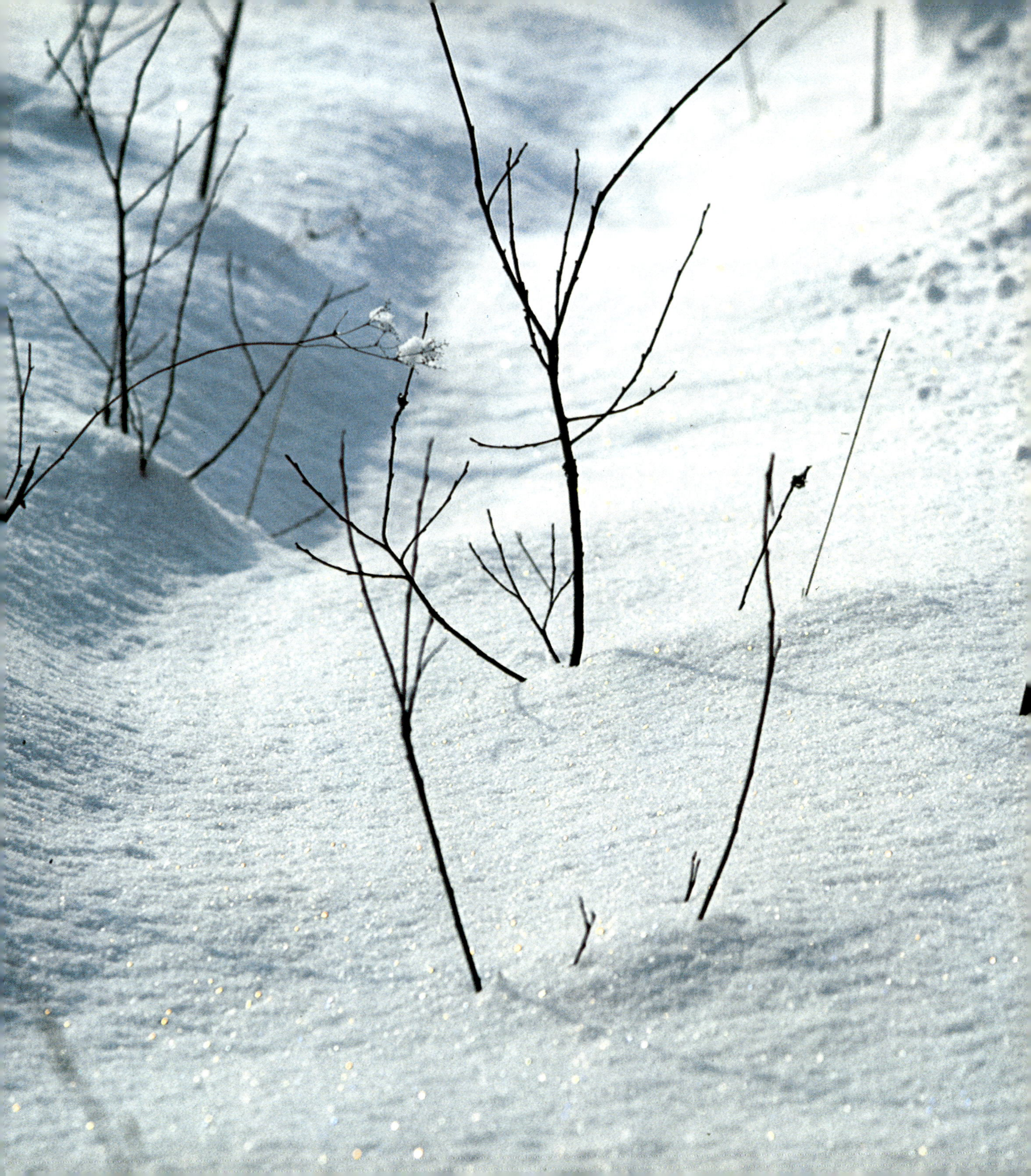

Von der heiligen Barbara

St. Barbara mit dem Turm
St. Margareth mit dem Wurm
St. Kathrein mit dem Radl
sind die heiligen drei Madl!

Die heilige Barbara gehört zu den überaus beliebten Heiligen; ihr Fest wird am 4. Dezember begangen. Sie zählt zu den 14 Nothelfern und die Legende weiß von ihr folgende Geschichte zu berichten.
Barbara lebte im 3. Jahrhundert n. Chr. in der Stadt Nicomedia in Kleinasien. Ihr Vater war ein wohlhabender Kaufmann, der seine schöne Tochter über alles liebte und daher eifersüchtig bewachte. Ging er auf Reisen so verfügte er, daß Barbara während seiner Abwesenheit in einem äußerst komfortablen Zimmer in einem hohen Turm nahe ihres Elternhauses zu leben hatte. Niemand sollte sie ihm vor der Zeit wegnehmen können. Barbara war jedoch über diese auferlegte Einsamkeit nicht traurig - in Gegenteil. Sie bot ihr die beste Gelegenheit, den wahren Gott zu suchen, zu finden und zu dienen. Denn Barbara hatte von Christus erfahren und erkannt, daß nur er und nicht die unzähligen heidnischen Götzen des Vaters der wahre Gott sein konnte. Als der Vater wieder einmal verreist war, befahl Barbara den Arbeitern neben den zwei vorhandenen Fenstern in ihrem Badhause ein drittes herauszubrechen. Die Arbeiter zögerten zwar, taten aber letztlich wie ihnen befohlen wurde.
Als der Vater seine Tochter zur Rede stellte, erklärte im Barbara, daß die drei Fenster die Dreieinigkeit Gottes darstellten. Der entsetzte Vater mußte erkennen, daß seine Tochter Christin geworden war. Barbara hatte nicht nur das dritte Fenster in die Mauer brechen lassen, sondern auch alle Götzenfiguren, welche in ihrem Elternhaus reichhaltig aufgestellt waren, zerstört. Als der Vater auch in seinem Zimmer die zer-

trümmerten Götzenfiguren fand, packte ihn blinder Zorn. Er nahm den nächstbesten Prügel, um seiner Tochter alle Knochen im Leibe zu zerbrechen. Barbara aber flüchtete vor dem wütenden Vater auf einen Berg, wo sie sich zwischen Hecken und Sträuchern versteckte. Aber ihr Versteck war nicht dicht genug. Der Vater fand die Tochter, schlug in blindem Haß auf sie ein und zerrte sie an den Haaren nach Hause, sperrte sie in ein finsteres Verließ und ließ sie in schwere eiserne Ketten legen.

So sehr der Vater sie auch quälte, Barbara war nicht bereit von Christus abzulassen. Und so verklagte er die eigene Tochter. Der Richter ließ Barbara so lange auspeitschen, bis ihr Blut den Boden bedeckte - sie aber ließ nicht ab von ihrem Glauben. Am nächsten Tag jedoch konnte man an Barbara keinerlei Wunden mehr entdecken - Gott hatte sie während der Nachtstunden geheilt. Dies erzürnte den Richter jedoch nur noch mehr und ein unendlich grausames Martyrium nahm seinen Anfang. Unter der schweren Pein erhob Barbara die Augen und flehte gen Himmel: "Oh Herr Jesu Christ steh mir bei." Da erschien vor ihrem Angesicht ein Engel und tröstete die Leidende, bedeckte ihren geschundenen Körper mit einem weißen Tuch. Barbara wurde vor die Stadt zum Richtplatz geführt und dort schlug ihr eigener Vater, in immer noch blindwütigem Zorn, ihr das Haupt vom Leibe. Kaum hatte er den Streich geführt, brach ein Donnerstreich aus den Wolken und erschlug den gottlosen Vater.

Da Wamsler

Eigentli war's ja a richtig's Ungetüm, was da bei uns in da Kuchl g'standn is, aber g'miatlich war's, wenn a brennt hod, da Wamsler.
Mein Gott, hod mi der Ofa fasziniert, mit seine Deckel, Türl und Klappen.
Fünf gusseiserne Ring hat a g'habt, für jede Feuerstell, für große Töpf und kloane. Wenn's schnei hod geh miassn, hod ma einfach an Ring rausg'numma, daß'd Feierzunga direkt am Topf g'leckt ham - und im Nu war'd Suppn hoaß!
D'Wäsch is a allaweil überm Ofa g'hängt, se war zwar oft a bisserl ruassig, aber dafür allwei trockn. Mei, und wenn i mit meiner Schwesta zum Spuin nauswoid, dann hod d'Muata oiwei unsere Schischua und Handschger vorher ins Backrohr neig'legt, damits a extrig sche warm warn. A warms Wasser hod ma a immer g'habt. Des is ausm Grantl kumma. Des war a Behälter, der war direkt da, wo's zum Ofarohr nausganga is. Wia ma dann abends no net miad warn, aber trotzdem ins Bett ham miassn, hod Muata immer de Wärmflaschn aus'm Grantl eig'fuid.
Ehrlich g'sagt, war's ja im Grund g'numma a Sau-Arbad mit dem Ofa! Erst hast oiwei d'Aschn ausleern miassn, doch bis zua Aschentonna hasst gar net geh braucha, weil mas ja scho vorher verbraucht g'habt hod, zum gegas Glatteis aufstrahn.
Wenn da Schiaba wieda im Ofa war, hod ma erst a paar z'sammagnuillte Zeitungen neido und a handvoll Spreißl drauf.
Fffffft, is gierig as Streichhölzl neig'fahrn. Und ois dann de nachg'schomna Kiefernscheitel so richtig vom Feier o'g'fressn warn, hod's as kracha og'fanga. Knistert und g'scheppert hod's im Ofa drinna, und g'hört hast, wias brennende Harz durchn Rost brodelt is!
Mein Gott war des sche!

Kuchl = Küche
schnei = schnell
ruassig = rußig
nauswoid = hinaus wollte
Schischua = Skischuhe
Handschger = Handschuhe
miad = müde
eig'fuid = eingefüllt
g'numma = genommen
oiwei = Alleweil
aufstrahn = ausstreuen
z'sammagnuillte = zusammengeknüllte
og'fressn = angefressen
kracha = krachen
og'fanga = angefangen

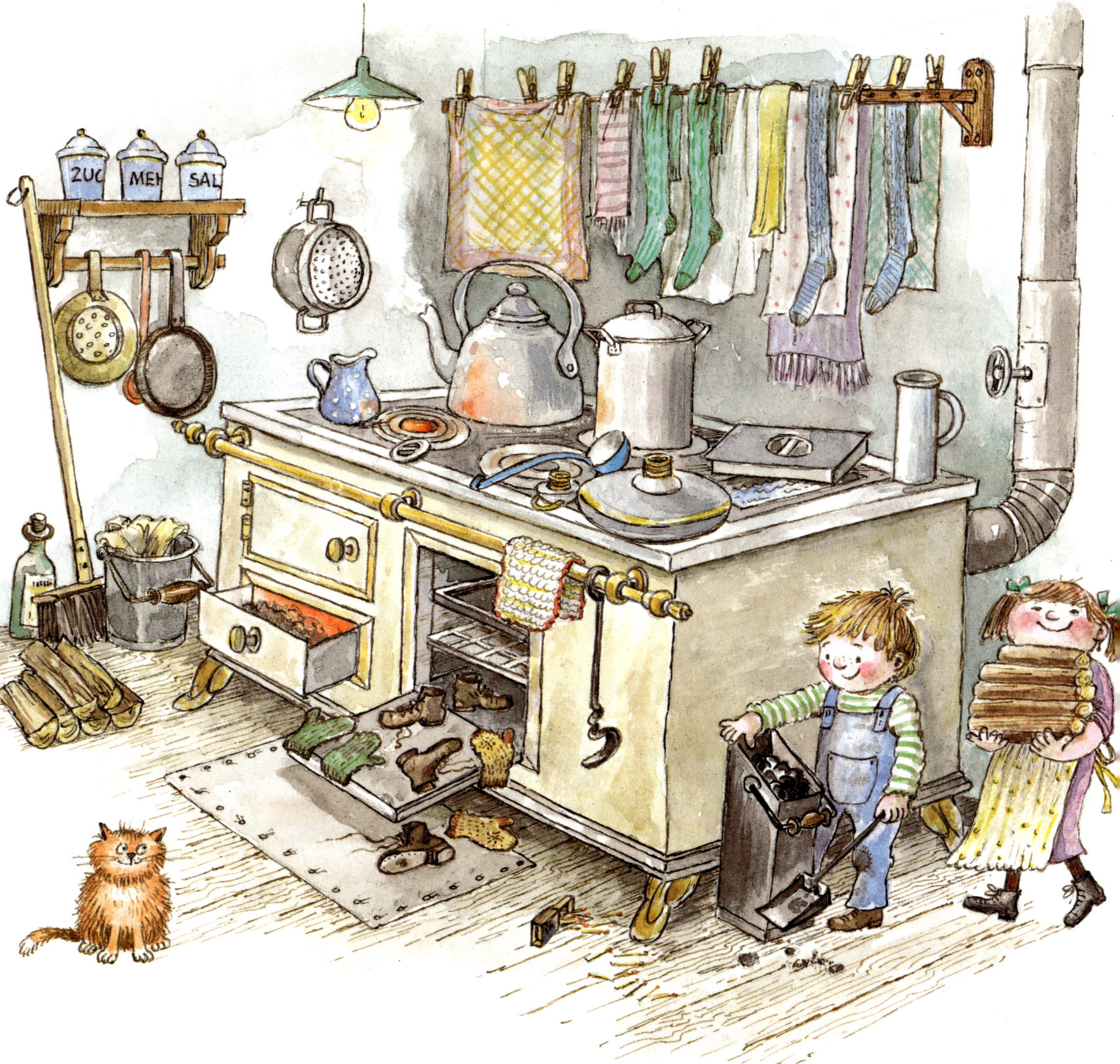
ZUC
MEH
SAL

Wia oft haob i mia d'Finga an dem bluads Ofa verbrennt! Aber wenn a hoid so richtig vor se hig'lüht had, wenn'd Scheitl g'sunga ham und d'Muata moi zufällig Bratäpfel im Rohr g'habt hod und koane Sockn, dann wars hoid scho arg g'miatlich.
Da war a Wärm und a Duft in da Stub'n!
Mmh, ah, i riachs no förmlich!
Dann is d'Weihnachtszeit kumma. Da san Platzl backt worn und Stoin, Knusperheisl aus Lebkuacha und bunte Zuckergüss ham dampft auf'm Ofa!
Mia Kinder warn überglücklich!
Selbstverständlich ham mia a g'hoifa beim Platzlbackn.
Mei Schwester hod's oiwei mit so Blechformerl ausg'stochn:
Sonne, Mond und Sterne und wos hoid so gem hod.
I hab's oiwei mit am Eiweißpinsel eig'stricha, daß sche braun wern, de Platlzl, und wenn d'Muata net her g'schaut hod, meistens glei g'fressn!
Am Heiligen Abend san ma dann a in da Kuchl g'sessn. D' Festtagsgans hod ian Schädl no am Krogn drag'habt, weil's erst am nächsten Dog dro war, aber a Schweinas hod's gem, Bratwiascht, Speck, backne Leberknedl, Dampfkartoffe und an saubern Schlag Sauerkraut!
D'Muata hod gmoant, wenn ma am Heiligen Abend a Sauerkraut ißt, geht's Geld net aus!
So a Schmarrn, mia ham eh koans g'habt!
Und so samma hoid in da Kuchl g'miatlich beinand g'wesen, da Vata, d'Muata, mei Schwester, unser Katzerl, da Wamsler und i.
Nua oans hob i auf'n Tod net leidn kenna, wenn's mi Nachts in dunkla Keller g'schickt ham zum Brikett raufhoin!
Da bin i oiwei hoibad g'stoam vor Angst vorm Schwarzn Mann!
Und wenn i heid in Keller geh und hoi ma a Flascherl Bier rauf, foid ma ab und zua no unsa oider Wamsler ei!
Und wenn i ganz ehrlich bin, a bisserl Schiß hab i immer no....

riachs = rieche
Stoin = Stollen
g'hoifa = geholfen
eig'stricha = eingestrichen
Krogn = Kragen
raufhoin = herauftragen
hoibad = halb
g'stoam = gestorben
foid = fällt

Barbarabräuche

Es müssen wohl die unsäglichen Martyrien gewesen sein, die der heiligen Barbara zu ihrer übergroßen Beliebtheit verhalfen. Barbara wurde von so vielen Berufsständen als Patronin angerufen, daß es schwer fällt, sie alle aufzuzählen. Zimmerleute, Bergleute und Artilleristen sind die wohl bekanntesten und schon seit altersher trugen Kanonen gerne den Namen der heiligen Jungfrau. Noch vor dem 1. Weltkrieg wurde am St. Barbaratag zum Militär gemustert und so mancher "Unfreiwillige" versprach der heiligen Barbara ein paar Dutzend Messen, wenn sie nur gnädig mit ihm umgehe. Denn damals entschied noch das Los, wer zu den Waffen mußte und wer nicht. Je höher die Losnummer, desto größer die Chance auf Freistellung.

Aber St. Barbara gilt auch als Blitzheilige, denn ....."Barbara mit dem Stein hält den Hagel ein...." und zusammen mit dem heiligen Florian teilt sie sich das Schutzamt gegen Feuersgefahr. Der heilige Leonhard hingegen hilft ihr bei der Betreuung der Gefangenen.

Der bekannteste Brauch zum Fest der Heiligen sind allerdings die Zweige, die man an ihrem Namenstag im Garten schneidet, in Wasser gibt und hofft, daß sie am Heiligen Abend erblühen mögen. In alten Geschichten wird erzählt, daß man die Barbarazweige schweigend brechen mußte und einst waren sie nicht nur für die Stube sondern auch für den Stall bestimmt. Je reicher sie zu Weihnachten aufblühten, desto mehr Glück für Haus und Tiere. Während des Brechens sollte man an Wünsche denken, darf diese aber nicht aussprechen. Nur dann gehen sie in Erfüllung!

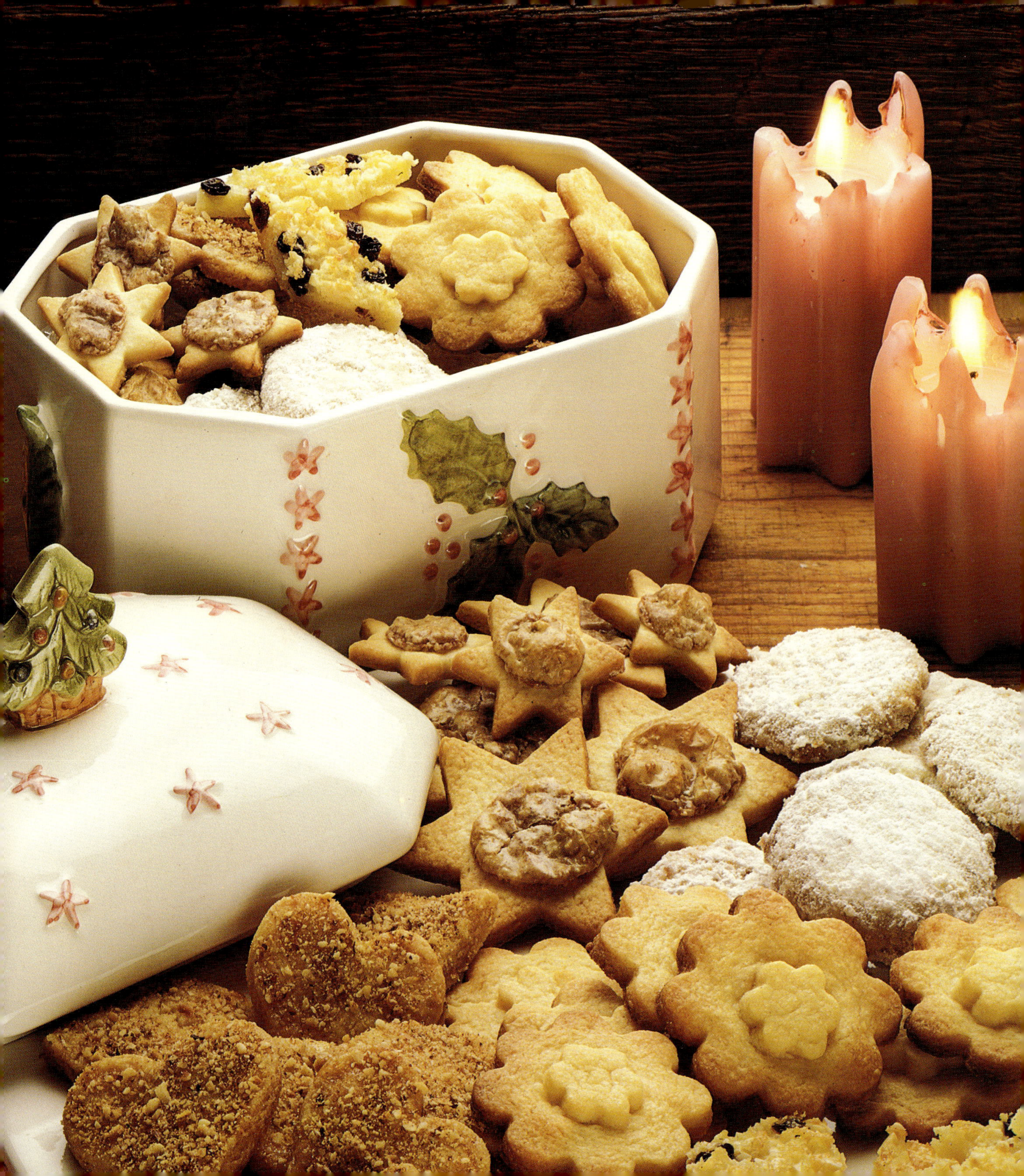

Mandelschnitten mit Rosinen

Fett schaumig rühren, Zucker zugeben, dann nach und nach Eier, Vanillemark und Mehl hinzufügen. Teig auf ein mit Backpapier ausgelegtes Backblech ca 1/2 cm dick aufstreichen, Mandeln und Rosinen darüberstreuen und bei 190 Grad oder Stufe 2 - 3 bei Gasherd etwa 20 Min., bis die Oberfläche Farbe bekommt, backen. Nachdem der Teig etwas abgekühlt ist, in Streifen und dann in Rauten schneiden (kleine Dreiecke)

Für ca 60 Plätzchen
150 g Butter
190 g Zucker
4 Eier
170 g Mehl
Mark einer Vanilleschote
Zum Bestreuen: 40g gehackte Mandeln
3 Eßlöffel Rosinen oder Korinthen

* * *

Vanilleplätzchen

Zunächst Butter mit dem Quirl schaumig rühren. Alle anderen Zutaten dann unterkneten. Rollen mit ca 3 cm Durchmesser formen und mindestens 1 Std. kalt legen.
Dann ca. 1 cm dicke Scheiben abschneiden, leicht andrücken und bei 190 Grad, Gas Stufe 2-3 ca. 15 Minuten backen.
Noch warm in dem Gemisch aus Puderzucker und Vanillezucker wälzen.

für ca 60 Plätzchen
220 g Butter
100 g Puderzucker
200 g Mehl
70 g gemahlene Haselnüße.
Zum Wälzen: 4 Päckchen Vanillezucker
100 g Puderzucker

Auf'm Christkindlmarkt

Kugln, Kerzn, Wiarscht und Glühwein
alles was as Herz begehrt
Was as Fest so richtig sche macht
wenn's da Weihnachtsmann beschert
Glockenspiele und Trompeten
spuin und klingeln im Duett
und d'Maroni Frau um'd Eckn
sehnt si nach iam warma Bett

Wiarscht = Würste
spuin = spielen

1. STOCK

alte Puppen und Puppenk...
Frau Hildegard Marzone
26.11.–24.12. von 10.00–18.30

Weihnachtsstollen

1,5 kg Mehl
160 g Hefe
5 Eier
250 g Zucker
Salz, etwas warme Milch nach Bedarf
150 g Zitronat
Saft einer halben Zitrone und Orange
30 g Mandeln
je eine Prise Zimt, Muskat, Ingwer und Kardamon
600 g Butter, erweicht, aber nicht geschmolzen
500 g Rosinen
200 g Korinthen (in Rosenwasser einweichen)
Butter und Zucker zum Bestreichen

Der Teig muß ziemlich fest bereitet werden, da er durch die nachfolgenden Zutaten auf das richtige Maß erweicht wird. Zitronen- und Orangensaft kann man gleich anfangs in den Teig einarbeiten. Den fertigen Teig nimmt man auf das Brett und knetet nun nach und nach alle Zutaten warm in der oben genannten Reihenfolge ein. Den Teig nun so lange abarbeiten, bis er Blasen bekommt, in Stücke reißen und wieder geschmeidig zusammenwerfen. Zudecken und gut 2 Std.. gehen lassen (möglichst an einem warmen Ort). Nach der Gehzeit formt man den Teig zu einem länglichen Wecken (so groß, wie der Stollen werden soll), walkt die Hälfte des Weckens der Breite nach soweit aus, bis der ausgewalkte Teil gut 2/3 der Breite des ganzen Teiges ausmacht bzw. zweimal so breit ist, wie der dickgelassene Teil. Den dünneren Teil nun mit Wasser bestreichen und bis zum dicken Teil hin einschlagen. So erhält der Stollen seine charakteristische Form. Den Stollen nun auf ein mit Backpapier belegtes Blech geben und aufgehen lassen.(ca. 1/2 Std.). danach mit zerlassener Butter bestreichen und langsam bei mittlerer Hitze ca. 1 - 1 1/2 Std. im Rohr backen. Erneut mit Butter bestreichen und dick mit Puderzucker bestreuen. Der Stollen sollte vor dem 1. Anschnitt wenigstens 3 - 5 Tage kühl lagern. Natürlich kann man aus der angegebenen Teigmasse auch 2 oder 3 kleinere Stollen formen.

Vom Buttmandl-Laufen

Wenn am ersten und zweiten Adventssonntag, am Vorabend des Nikolaustages und am Nikolaustag selbst die Dämmerung hereinbricht, liegt über der Gnotschaft Loipl im Berchtesgadener Land ein höllischer Lärm: die Buttmandl laufen. Aber bevor wir uns mit diesen wilden Gesellen näher befassen, sollte zuerst der Begriff Gnotschaft erklärt werden. Er stammt noch aus der Zeit vor 1810, als Berchtesgaden ein zwar kleines, aber immerhin selbständiges Land war, in welchem der Fürstprobst der Augustiner-Chorherren geistlicher und weltlicher Landesherr war. So eine Gnotschaft war also eine Landgemeinde im Berchtesgadener Land. Und eben in einigen derselben hat sich der Brauch des Buttmandl-Laufens erhalten.

Woher dieser ursprünglich heidnische, im Laufe der Zeit jedoch mit christlichen Elementen durchsetzte Brauch stammt, weiß man heute nicht mehr genau zu sagen. Der Brauchtumsforscher Professor Kriß schrieb über die Buttmandl: "...anstelle des Krampus treten die zwölf Buttmandln, wilde Gesellen, die vollständig in langes, ausgedroschenes Stroh gehüllt sind und Masken aus Tierfell über den Kopf gezogen haben. Manchmal, aber nicht immer sind Hörner aufgenäht. Als Fell wird außer schwarzem Lammfell auch langes zottiges, graues Schaf- oder weißes Hasenfell verwendet. Es handelt sich also um eine ausgesprochene Tiervermummung, keine Teufelsverkleidung wie beim Krampus...."

Das Wort Buttman(n)dl kommt wahrscheinlich von butteln, d. h. schütteln. Und geschüttelt werden die Glocken, welche die Buttmandl sich auf den Rücken binden, ja tatsächlich. Nur junge, ledige Burschen dürfen als Buttmandl verkleidet gehen und sie werden in geheimer Wahl gewählt. Zusammen mit den "Ganggerln" (Teufeln) begleiten sie den Nikolaus und das Nikolo-Weibl, auch eine Besonderheit des Berchtesgadener Landes. Das "Weibl" ist stets ein junger Bursche, der

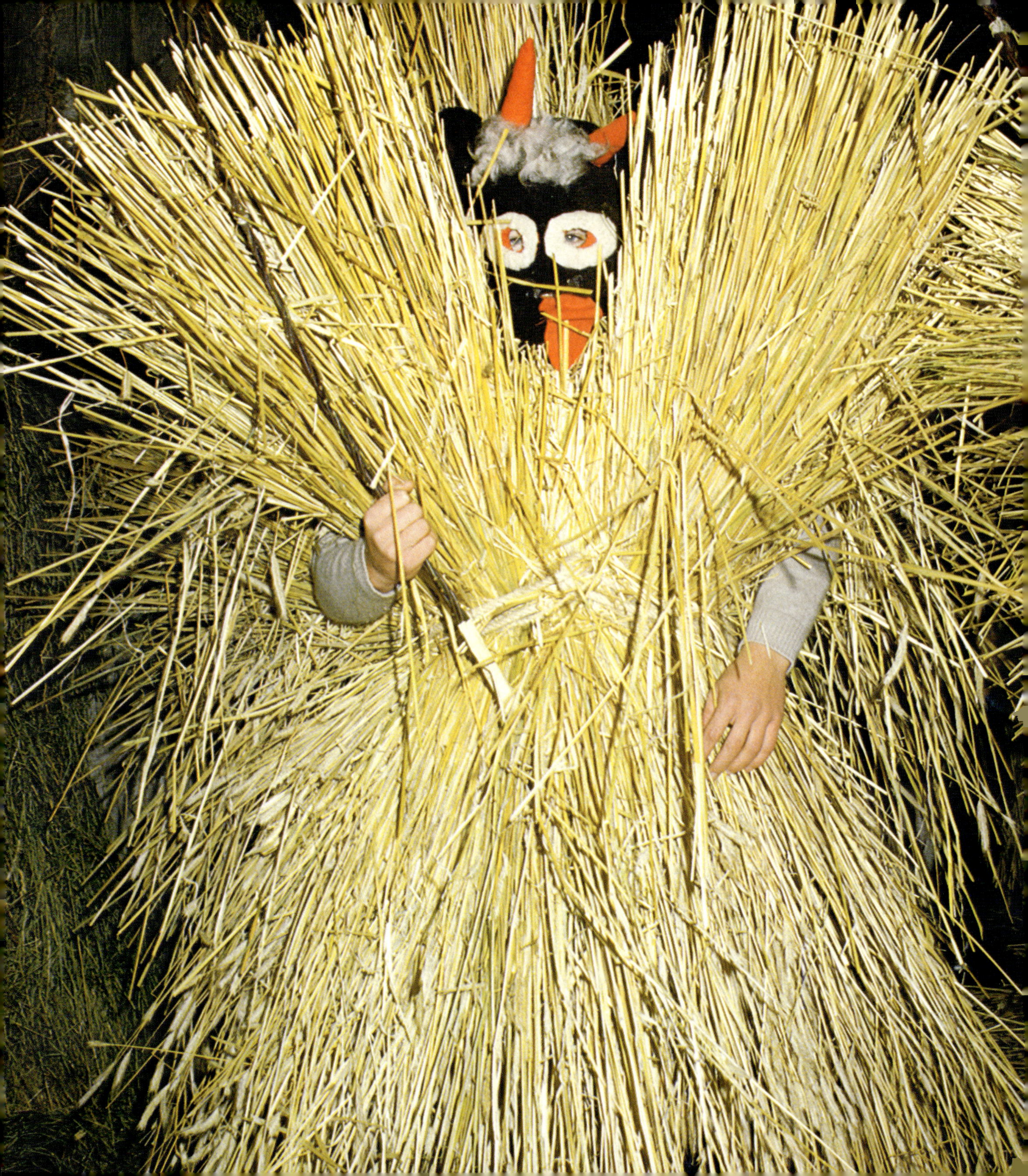

die typische Berchtesgadener Mädchentracht trägt. Das Nikolo-Weibl, welches am zweiten Advent-Sonntag von einem Engel ersetzt wird, trägt die Geschenke, die der heilige Mann mitbringt. Aber zurück zu den Buttmandln. Bereits im Sommer müssen die Buttmandln dafür Sorge tragen, daß im Winter genügend Stroh für ihre Kostüme vorhanden ist. Das Ankleiden so eines Buttmandls ist eine Zeremonie für sich und erst wenn alle Strohballen kunstvoll rund um den Körper verteilt sind, werden die Glocken und zum Schluß die Tierlarve umgebunden. So verkleidet treffen sich nun die zwölf Buttmandln mit dem Nikolaus und seinem Nikolo-Weibl. Sie bilden einen Kreis, der von außen wie ein Strohring aussieht. Nun nehmen die Buttmandl noch einmal ihre Larven ab und zusammen mit dem heiligen Mann, seinem Weibl und den dazugehörigen Ganggerln wird ein Gebet gesprochen. Zum Schluß werden sie mit ein paar Tropfen Weihwasser besprizt und die Larven wieder aufgesetzt. Und jetzt geht's los. Ganggerl und Buttmandl laufen mit schauerlichem Geheul und Kettengerassel vor dem Nikolaus und dem Nikolo-Weibl her. Besonders scharf sind die Buttmandl auf junge unverheiratete Mädchen, die sich in ihre Nähe wagen. Sie erhalten mit den Lebensruten einen Schlag auf den Hintern versetzt, der durchaus noch einige Tage spürbar sein kann.

Eine Besonderheit gibt es bei dem Loipler Buttmandl-Lauf. Nach der Bescherung durch den Nikolaus wird in einem der vorher bestimmten Gehöfte die "Stube ausgeräumt" und alles, was sich darin befindet, ins Freie befördert. Das soll die bösen Geister austreiben - wenn sie nicht ohnehin längst durch den Lärm der Buttmandl das Weite gesucht haben. Denn der heidnische Sinn der in den Buttmandln ehemals versteckten Fruchtbarkeitsgeister war ja kein anderer, als die schlafende Natur durch Lärmen wieder zum Leben zu erwecken.

Die Legende
vom heiligen Nikolaus

Wie bei so vielen Heiligenlegenden verwebt sich auch bei St. Nikolaus die Dichtung mit der Wahrheit. Lediglich die Grundcharakterzüge des Heiligen, der praktisch auf der ganzen Welt verehrt wird, bleiben in allen Darstellungen gleich.

Nikolaus wurde um das Jahr 270 in Patras in Kleinasien geboren und später in Myra zum Bischof geweiht. In wie weit er unter der damals üblichen Christenverfolgung gelitten hat, ist nicht näher bekannt. Fest steht allerdings, daß St. Nikolaus nicht den Märtyerertod erleiden mußte. Er starb irgendwann zwischen 342 und 347 nach Christus.

Die Legende weiß zu berichten, daß die Eltern des Heiligen diesen in relativ hohem Alter empfingen und er sie bereits in jungen Jahren durch den Pesttod verlor. Das reiche Erbe, welches ihm durch den Tod der Eltern zugefallen war, ließ Nikolaus heimlich an die Armen der Stadt austeilen.

Einige Jahre später, Nikolaus war weit über die Grenzen der Stadt als Wohltäter bekannt, entschloß er sich zu einer Schiffsreise nach Ägypten. Kaum an Bord gegangen, sah er den Teufel ebenfalls das Schiff betreten. Nikolaus gelang es, den Teufel zu beschwören, und tatsächlich ließ dieser sich vom geplanten Untergang des Schiffes ablenken. Allerdings sandte er, wohl aus Zorn über sich selbst, einen schweren Sturm. Und abermals gelang es St. Nikolaus das Schiff durch die Anbetung Gottes vom Kentern zu retten.

Von Ägypten ging Nikolaus nach Jerusalem und besuchte alle heiligen Orte der Christen, kehrte später, auf Geheiß Gottes in das Kloster Syon zurück. Und dort vernahm er eines Tages die Stimme Gottes, die ihm befahl, nach Myra zu gehen, wo er von den dort lebenden Christen zu ihrem Bischof gewählt wurde. Während der folgenden grausamen Christenverfolgung wurde Nikolaus gefangen genommen und weit von Myra entfernt in's Gefängnis geworfen. Erst nach sechs Jahren wurde er befreit und kehrte wieder nach Myra zurück. Konstantin der Große hatte zwischenzeitlich die römischen, immer noch dem Heidentum verfallenen Kaiser, abgelöst und befahl den Christen nun, alle Götzentempel zu schleifen. St. Nikolaus war einer der eifrigsten bei diesem Werk.

Über seinen Tod heißt es: "Da er nun zu seinem hohen Alter gekommen, vermehrte sich der Wunsch zu Himmel so gewaltig, daß er erkrankte. Bei Zeit empfing er die Heiligen Sakramente....und kurz vor seinem Ende wendete er seine Augen gegen den Himmel und sprach: 'Ich sehe den Himmel offen und die lieben Engel zu mir herabkommen'. als dann betete er den Psalm: 'Auf dich, o Herr hab ich gehofft. Herr, in deine Hände befehle ich meinen Geist!', dann verschied er im 6. Christenmonat im Jahre 343. Sein heiliger Leichnam ward in großen Ehren in der vornehmsten Kirchen über der Erden in einem steinernen Sarg beigesetzt; bei welchem gar viele Mirakel geschahen. Unter welchem das vornehmste, daß aus seinem Heiligen Leib ein wohlriechendes Öl floß, durch dessen Anstreichung allerhand Kranke geheilt wurden. Dies heilige Öl fließet noch zu jetziger Zeit aus seinem heiligen Leib, welcher jetzt zu Bari in Apulia ruhet, und von den Pilgern fleißig besucht und verehrt wird! (Martin von Cochem)"

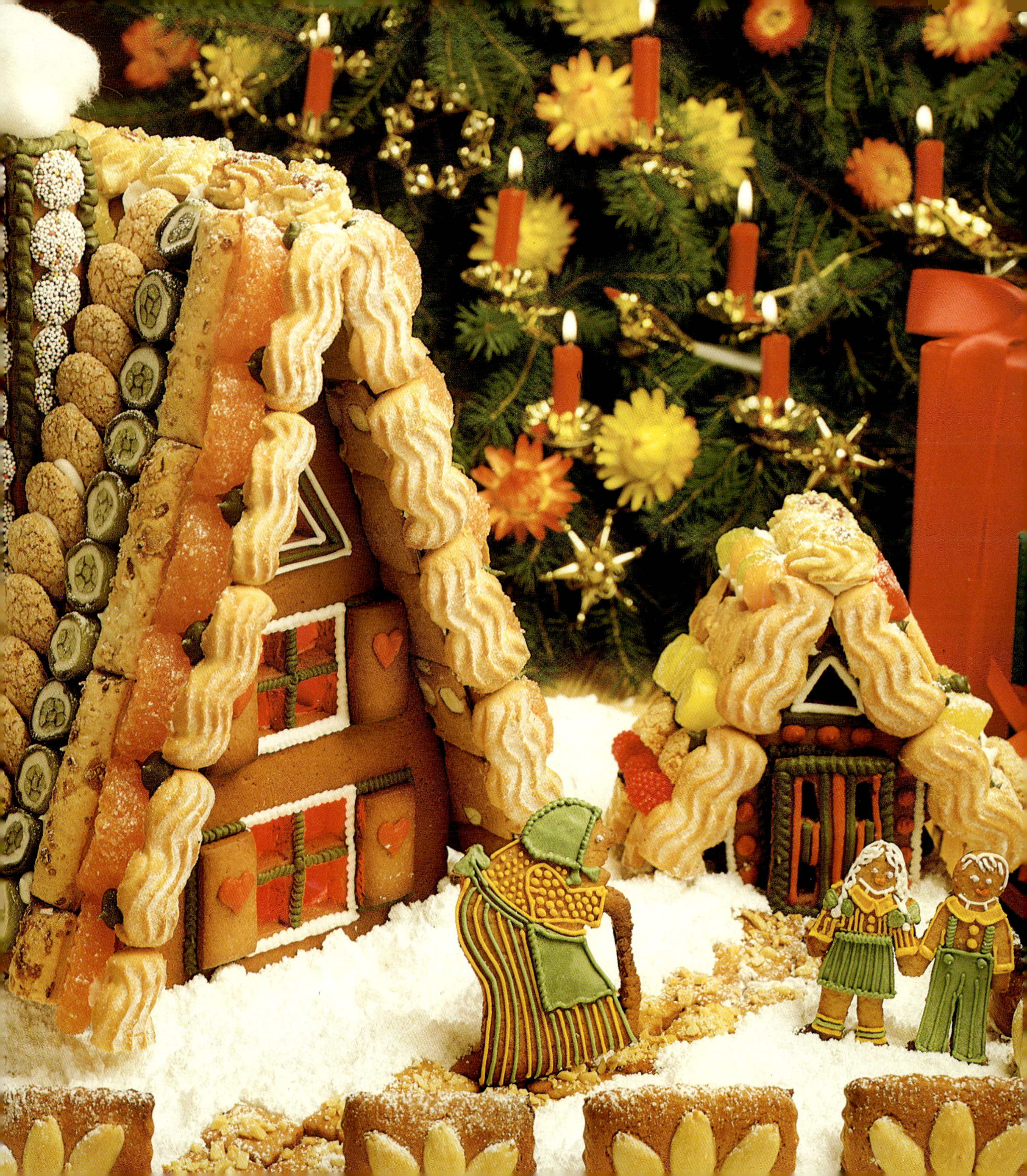

Knusperhäuschen

Sanella, Honig, Zucker, Pfefferkuchengewürz und Kakao in einem Topf unter Rühren erhitzen, bis der Zucker gelöst ist. - Abkühlen lassen. - Mehl, Backin und Salz in einer Schüssel vermengen, Eier verschlagen, mit der Honigmasse verrühren, dazugeben und alles zu einem glatten Teig verkneten. Abgedeckt im Kühlschrank mindestens 1 Stunde ruhen lassen. Teig ca. 1/2 cm dick ausrollen, auf ein gefettetes Backblech geben und nochmals glattrollen. Die Hausteile nach Schablone mit dem Messer ausschneiden. Aus dem restlichen Teig Sterne in verschiedenen Größen für Tannen, Hexe, Hänsel und Gretel und Rechtecke für den Zaun ausschneiden. Alles im vorgeheizten Ofen 10 - 12 Minuten abbacken. Sollten die einzelnen Hausteile zu stark verformt sein, kann man sie noch heiß nachschneiden. Das Gebäck noch warm vom Blech lösen und abkühlen lassen. Eiweiß zu steifem Schnee schlagen und so viel Puderzucker hinzufügen, bis die Masse spritzbar ist. Aus festem Pergamentpapier kleine Spritztüten kleben. Tür- und Fensterteile von der Rückseite mit wenig Guß bespritzen und Gelatine dagegendrücken. Alle Hausteile mit Guß auf die Pappschablone kleben. (Fenster- und Türöffnungen in der Schablone nicht vergessen!)
Seiten und Giebelwände mit Guß und Süßigkeiten verzieren. Sind die Süßigkeiten fest angetrocknet, die Seiten- und Giebelwände mit Zuckerguß auf ein großes Holzbrett kleben. und die Wände an den Kanten mit Guß aneinanderdrücken - trocknen lassen. - Dann Dach und Schornstein aufkleben. Nach dem Trocknen mit Kleingebäck, Süßigkeiten und Zuckerguß nach Belieben verzieren. Für die Tanne die Sterne mit Guß aufeinanderkleben. Für die Hexe, Hänsel und Gretel etwas Guß mit Lebensmittelfarben unterschiedlich einfärben. Die Figuren bunt bespritzen und die Rechtecke als Zaun rundherum setzen. Den Hof mit Puderzucker bestäuben. Die Figuren hineinsetzen.
Backzeit: 10 - 12 Minuten   E-Herd: 200 - 225°   G-Herd: 3 - 4

200 g Sanella und Sanella für das Blech
1 Glas Bienenhonig (500 g)
250 g Zucker
1 P. Pfefferkuchengewürz
15 g Kakao
1 kg Mehl
1/2 P. Backin
1 Prise Salz
2 Eier
3 Eiweiß
ca. 550 g Puderzucker und Puderzucker zum Bestäuben
2 Blatt rote Gelatine
Kleingebäck, Süßigkeiten, Mandeln o.a.
Lebensmittelfarben

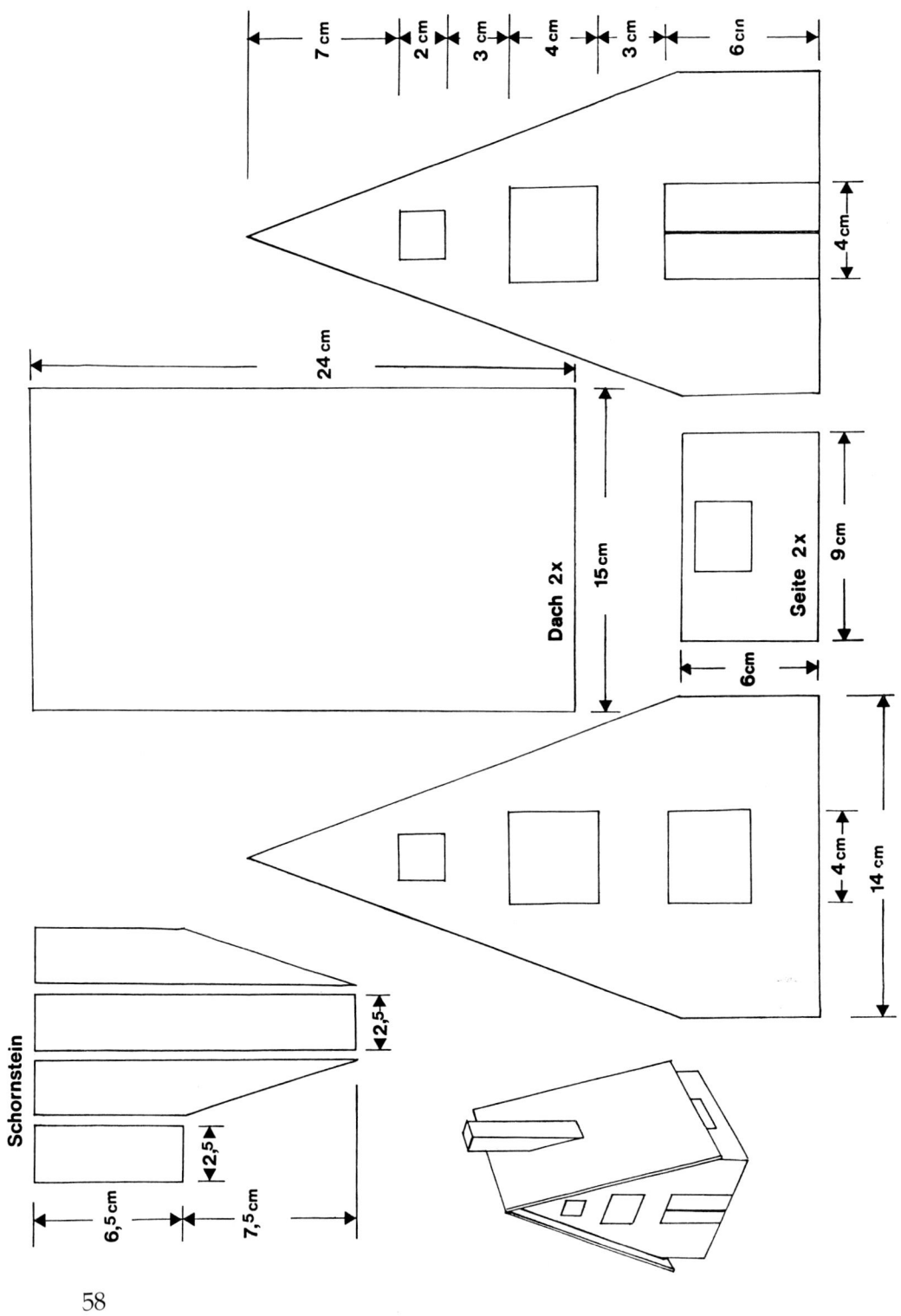

Schornstein

Dach 2x — 24 cm × 15 cm

Seite 2x — 6 cm × 9 cm

Measurements (top): 7 cm, 2 cm, 3 cm, 4 cm, 3 cm, 6 cm

4 cm

14 cm

4 cm

Schornstein: 6,5 cm / 7,5 cm / 2,5 / 2,5

58

Schorschi und die Geister

Faul und verschlafen hat si da Schorschi in seinem dicken Federbett rumg'wälzt. Zum Aufsteh' hat er überhaupt koa Lust g'habt. Warum a? Es warn ja Ferien!
Da schleicht si doch so ein frecher Sonnenstrahl durch'n Vorhang und fahrt am Schorschi direkt ins Aug nei!
Herrschaftszeiten aber a!
Schlafgrantig is er zum Fenster g'schlurft und wollt an Vorhang fest zuazieh'n - do is er schlagartig hellwach worn, ois er g'seng hod, was draußen passiert is:
Die Nacht über war endlich Schnee g'falln! Dicker, weißer, pulvriger Neuschnee!
Mei, wia des ausg'schaut hod! Ganz narrisch, pfundig, unbandig schee!
Die knorrigen Obstbäum und windschiefen Ficht'n im Garten, am Opa sei Gartenhäusl, die Bank und der Brunnen vorm Haus, da Entenweiher und alle Wiesen warn tiefverschneit und eing'hüllt wie in Zuckerwatte...
Und jetzt, wo d'Sonn no lachend über die Bergkupp'n g'sprunga is, hod alles so zum Glitzern und Funkeln o'gfanga, als ob d'Frau Holle no persönlich a großes Kissen mit Kristallsterndl über der winterlichen Zauberwelt ausg'schüttelt g'habt hod!
So schnell hod si da Schorschi no nie o'zogn g'habt; is glei in Schuppen nausg'rennt, hod seine Brettln packt und is zum Schifahrn ganga!
Hui! Hui! Mit Zeng und Peng und vui Karacho an Hang runter, daß nur so g'staubt hod. Den Schnee hod er hochg'wirbelt, scharfe Kurv'n zog'n und Bögen wira oida Preisschifahrer g'stemmt! Wia da Blitz von Kitz is er si vorkumma!
Plötzlich is immer dunkler und dunkler worn... Große Wolken san drohend am Himmel aufzog'n. Und fast gleichzeitig hod's a no heftig as

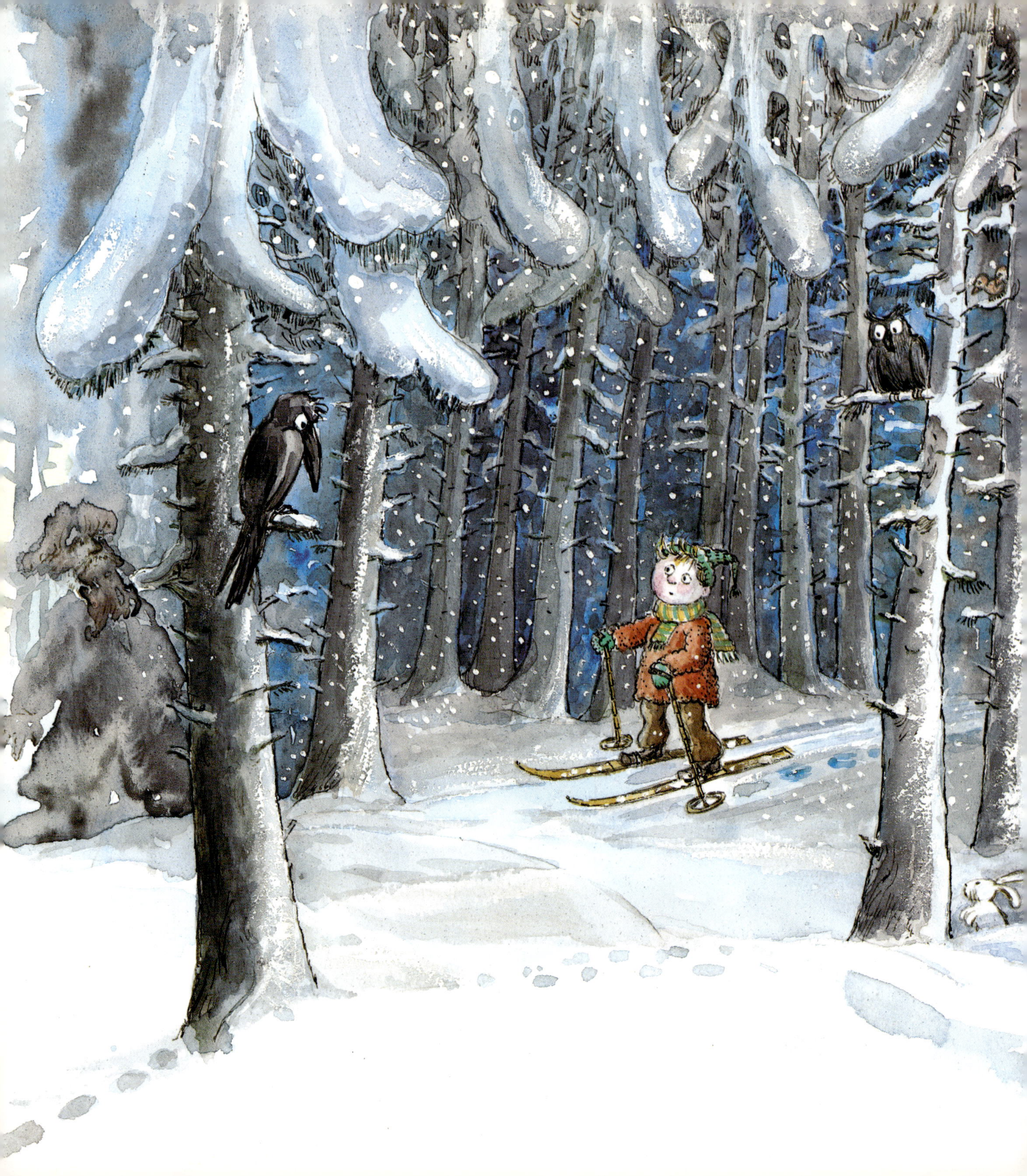

Schnei'n og'fanga... "Herrgottsakradi!", hod si da Schorschi denkt.
"I bin a scho a soichtenes Rindvieh! Immer vergiß i was! Wenn i's net schaff, daß i vorm Vata dahoam bin - dann gibt's wieder a Wat'schn... Jeden Dog a Wat'schn - des muaß doch net sei! - Am besten, i nimm die Abkürzung durch'n Woid, dann schaff i's scho!"
Mittlerweile war's Nacht worn, stockfinstere Nacht...
Der Wind hod greislig-schaurige Lieder in de Baumwipfel g'sunga - und irgendwo tiaf im Woid hod a no a Nachteule ihrn Senf dazu gem: UHU...UHU...UHU...
Mal da, mal dort hod a Ast g'knackt, irgendwas im Gebüsch g'raschelt und die oiden Tannen ham schrecklich mit ihre schwer'n Äste g'knarrt...
Irgendwie is es am Schorschi a bisserl sehr unheimlich worn...
Und ohne, daß er's g'merkt hod, is er immer schneller worn auf seine Schi. Vor lauter Angst hod er schließlich as Pfeifen o'gfanga. Aber so sehr er si auch ang'strengt hod - ständig spukten ihm Gedanken an schreckliche Geister im Kopf rum...
"Ach, so a Schmarr'n! Geister gibt's doch nur im Märchen?!" Oder doch net?
Plötzlich is er wia ang'wurzelt steh'nblim. "Da, am Ende der Lichtung - da is doch was?! Oder? Da hod si was bewegt? Hilfe! Da steht oaner!"
" Bumm!", hod's g'macht - und scho hod er oane auf'n Schädel kriagt, daß'n von de Fiaß g'rissen hod...
Minutenlang blieb der Schorschi zitternd im Schnee lieg'n und traute sich nicht, die Aug'n aufzumachen - bestimmt stand der oide Waldschrat genau vor ihm, die knorrige Keule in der Hand und wollt dem Schorschi no oane überziag'n...
Endlich - nach einer Ewigkeit - zwinkerte der Schorschi a bisserl - sah aber nix außer Nebel und Schnee...
"Komisch... Ja, spinn i denn jetzt?! Da is ja gar koaner... Egal - nix wie weg hier!!"
So schnell wie no nie is er auf seine Schi nach Haus g'fahrn und hod erleichtert die Tür hinter sich zug'schmissn. "Puhh"

Ob's wirklich der Waldschrat war? Wer woaß, wer woaß??

Fiaß = Füße
überziag'n = überziehen
g'schlurft = geschlichen
g'sprunga = gesprungen
o'gfanga = angefangen
oida = alter
soichtenes = solch ein
Woid = Wald
stehn'blim = stehengeblieben

Nikolausbräuche

Der heilige Nikolaus, sehnlichst herbeigesehnt, aber gleichzeitig auch ein bißchen gefürchtet von allen Kindern, beschert diese seit jeher in der Nacht vom 5. auf den 6. Dezember. Und noch bis weit in das 19. Jahrhundert hinein, war St. Nikolaus der Spender der weihnachtlichen Gaben. Der Brauch am 24. Dezember unter dem Christbaum sich gegenseitig zu beschenken, ist nicht älter, als der Christbaum selbst. Aber kehren wir zurück zum Nikolaus, dessen Verehrung bis tief in das 12. Jahrhundert hinein sich zurückverfolgen läßt. Nikolaus wurde immer als Patron der Pferde verehrt, aber auch die Schiffer, Flößer, Fischer und Kalkbrenner flehen zu ihm, wenn sie in Not geraten. Und da er auch beim einst gefährlichen Brückenbau seine Hilfe nicht versagte, ist er neben dem hl. Nepomuk die wohl am meisten in Stein gehauene Brückengestalt.

Nikolaus nahm sich auch stets der Armen und Bedürftigen an. In alten Klosterchroniken findet man noch genügend Aufzeichnungen über Naturalspenden zum Nikolaustag.

Im Gegensatz zum unsichtbaren Christkind erscheint und erschien der heilige Nikolaus stets persönlich. Fast immer wurde er jedoch von einem wilden Gesellen, dem Krampus, Klaubauf oder Knecht Ruprecht begleitet. Und wenn denn wirklich mal eines der zahlreich zu bescherenden Kinder im Jahreslauf nicht ganz den Wünschen und Vorstellungen der Erwachsenen entsprochen hat, dann war es an dem wilden Begleiter, seine schreckeinflößende Aufgabe kund zu tun. Und dies ließ der sich meist nicht zweimal sagen. Rute und Kettengerassel gehören zum Krampus ebenso wie sein schauerliches Geheul. Ob er je eins mitgenommen hat - von den unartigen Kindern?

Jetzt zünd't ma d'Kerzen o

Refr.: Jetzt zünd't ma Kerzen o,
boid kummt der Weihnachts- mo;
da-mit er uns a find't zündt's Kerzen o ganz g'schwind.
Putzt's al-le Tannen-zweig, jetzt kummt de staade Zeit - de staa-de Zei-eit,
de i so mog, de staa-de

Zei - eit de i so mog.

Zwischenspiel

1. Koid blast da Ostwind her,
diaf liegt da Schnee, de Kinder dan Schlitten-fahr'n, Schlie'n fahr'n is schee. As Land hoid an Schnaufer o, ois is vawaht, koan Hund auf da Gass-'n findst s'is mucks-mäuserl-staad.

Musik: Hermann Weindorf   Text: Claus Dittmar

Refr.: *Jetzt zünd't ma d'Kerzen o,*
boid kummt der Weihnachtsmo;
damit er uns a find't
zündt's Kerzen o ganz g'schwind.
Putzt's alle Tannenzweig,
jetzt kummt de staade Zeit -
de staade Zeit, de i so mog.

2. D'Muata hod Kiacherl backt,
g'schmackig riacht's Haus,
da Ofa gliat vor si hi,
neamd ziagt's mehr naus.
De Oma putzt d'Kugeln auf
von vor zehn Jahr,
da hört ma'n Papa plärrn:
da Schweinsbrat'n is gar.

Refr.: *Jetzt zünd't ma d'Kerzen o,*
boid kummt der Weihnachtsmo;
damit er uns find't
zündt's Kerzen o ganz g'schwind.
Putzt's alle Tannenzweig,
jetzt kummt de staade Zeit -
de staade Zeit, de i so mog.

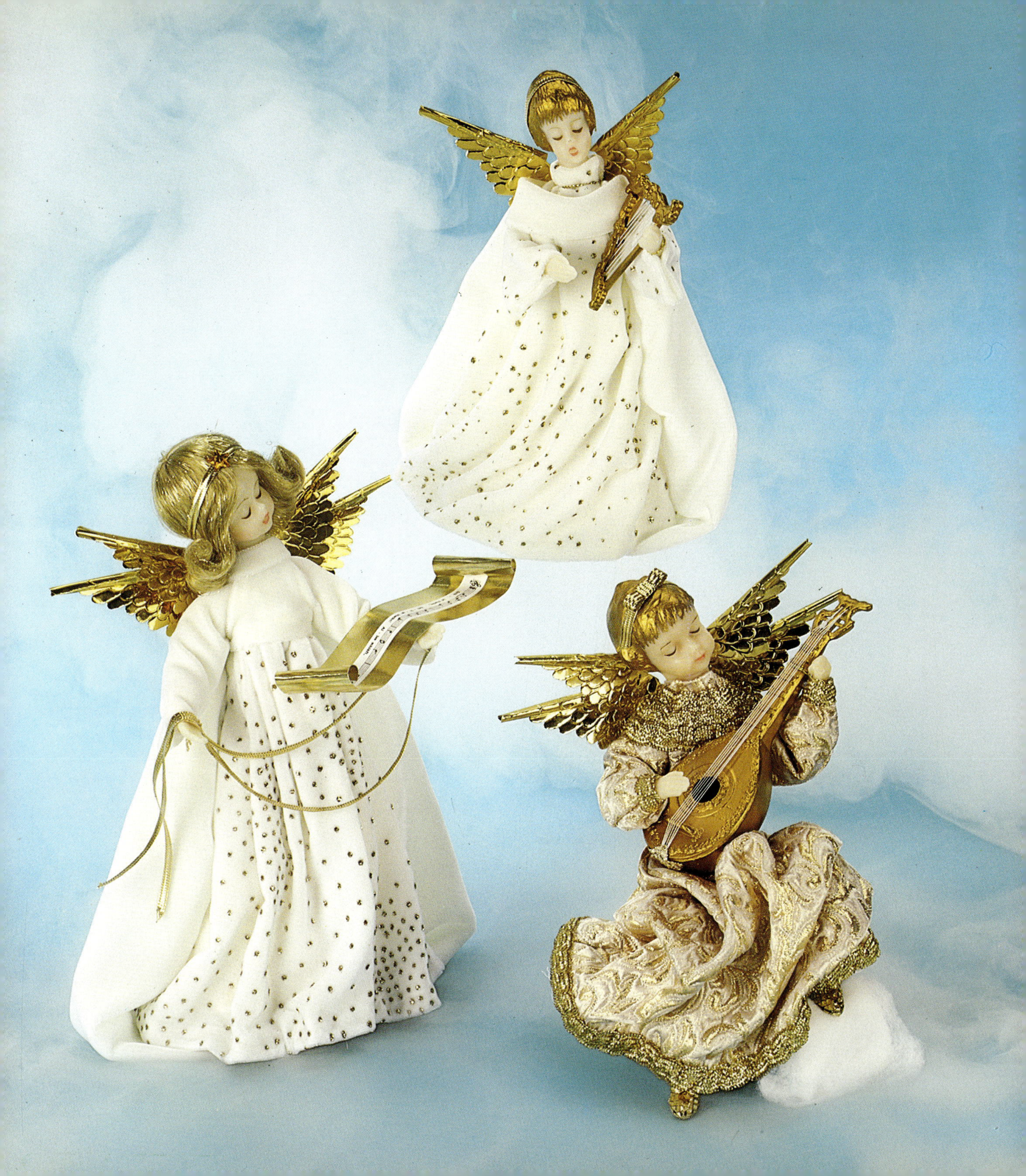

Himmlische Gestalten aus dem Allgäu

"Wunderbar schimmerte früher der geschmückte Weihnachtsbaum in den Stuben der Bauern- und Bürgerhäuser. sein geheimnisvolles Leuchten war ein Symbol der Hoffnung. Die vorchristliche Mittwinterzeit wurde zur vom Glauben erfüllten Weihe-Nacht.
Tannenreiser und Tannenbäume behängte man mit buntem Zierrat. Schon vom 16. Jahrhundert an haben wir schriftlich überlieferte Kunde von diesem Brauch, der über die Renaissance, das Empire und die Biedermeierzeit den Adel, das Bürgertum und den Bauernstand miteinander verband. Immer reicher, immer phantasievoller wurde der Schmuck: buntes Zuckerzeug, Herzen, Rauschgold, Sterne und Hampelmänner hingen fröhlich nebeneinander an den von Kerzen schimmernden Tannenzweigen.
Es duftete und knisterte in allen Weihnachtsstuben: bei Liselotte von der Pfalz am Hofe von Versailles und bei Frau Rath Goethe im bürgerlich-reichsfreien Frankfurt.
Von diesem fröhlichen, kindlich verspielten Zauber ist nicht mehr viel übrig geblieben. Wohl haben wir noch Weihnachtsbäume, wie oft aber werden sie zu kalten, nur mit Lametta und Silberkugeln behängten, elektrisch beleuchteten Klischees der früheren Pracht.

Wenn es da nicht eine fast himmlisch zu nennende Kunsthandwerksstube im schönen Allgäu gäbe. Dort fertigt nämlich Ami Köstel ihren prachtvollen Weihnachtsschmuck, der den Weihnachtsbaum zu einem unvergessenen Erlebnis werden läßt. Kugeln und Glocken, Empire-Blumenkörbchen, Christkindchen, Hampelmänner, die ganze längst vergangene Pracht des alten Biedermeier Spielzeugs entsteht neben Goldketten, Herzen und Rauschgoldengeln dank geschickter Hände neu. Und so, wie man sich auf den Wert alter Möbel, Bilder, Plastiken und Puppen besinnt, so sollte man auch ganz bewußt Jahr um Jahr ein

Stückchen mehr den Weihnachtsbaum in seiner ganzen einstigen Pracht wieder entstehen lassen.

Wer die unzähligen Variationen der Allgäuer-Engel einmal bewundern durfte, der wird verstehen, daß sie längst um die ganze Welt geflogen sind und ihren Glanz in Amerika genauso verbreiten wie in Australien. Und es verwundert sicherlich niemand, daß die Stadt Chiccago die Allgäuer Engel zu den sechs schönsten handwerklichen Artikeln der Welt zählt.

Erwerben kann man die kleinen Kostbarkeiten in allen guten Kunstgewerbegeschäften. Wer keines in seiner näheren Umgebung besitzt, kann direkt beim Studio Ami Koestel in D-7972 Isny im Allgäu nach der nächsten Bezugsquelle anfragen.

Daß Handarbeit ihren Preis hat, sollte nicht extra betont werden müssen - um so erstaunlicher ist es aber, daß man trotz der ständig steigenden Lohnkosten immer noch kleine Christbaumfiguren von Ami Koestel unter DM 20,-- findet. Man kann den Allgäuer Engeln nur wünschen, daß sie noch lange in der Weihnachtszeit durch die Welt fliegen mögen.

* * *

Steandal dan se putz'n

Musik: Hermann Weindorf   Text: Claus Dittmar

Krippenspiel in der Schul

Als der Pfarrer in der Schul' g'fragt hod, wer denn beim Krippenspui mitmacha wui, hod der Schorschi zuerst g'zögert. A Krippenspui? Des is doch was für Madln! Und er is schließlich a g'standenes Mannsbuid von 10 Jahr!!
Allerdings - zu am Krippenspui g'hörn natürlich a immer de Heiligen Drei König! Und oaner von dene is immer a Neger!
A Neger - des war ja gar net schlecht... Da kannt er si ja mit Schuacrème oder Ruaß o'schmiern und den g'scherten, roten Lippenstift von seiner Schwester für d'Negerlätschn hernehma...
"Guat, Herr Pfarrer, i bin dabei!", hat der Schorschi g'sagt.
A paar Dog später ham's zum Prob'n ang'fangt.
Als das kloane Annerl grad zum ersten Mal ihr Engerlgedicht aufg'sagt hat, war alles mucksmäuserlstaad und hat andächtig g'lauscht.
Da hat am Schorschi sei Nasn plötzlich as laffa og'fanga...
Nachdem er natürlich wie immer koa Taschenduach dabeig'habt hod, hod er halt wie gewohnt an Rotz naufzog'n...
An Schorschi hat des net g'stört - aber an Herrn Hochwürden.
Bei der zweiten Prob' war's net vui anders, die hat er g'schmissen, weil er wieder - statt sein Text zu lernen - die halbe Nacht unter der Bettdecken sein Karl-May-Roman g'lesen hat...Da is der Pfarrer dann doch sauer worn: "Also Schorschi, wennst dableib'n willst, mußt die Sach' scho a bisserl ernster nehmen!!"
Ja mei ... so war halt der Schorschi - Zeit hat für ihn nix bedeutet; wenn er irgendwas g'funden hat, was ihm Spaß g'macht hod, hat er alles andere vergessen...
Und so is es eben wieder passiert: Als er seine alte Dampfmaschin' hergerichtet hat, weil er's seinem kleinen Bruder zum Christkind schenken wollt - hat ihn halt wieder der Spieltrieb übermannt...

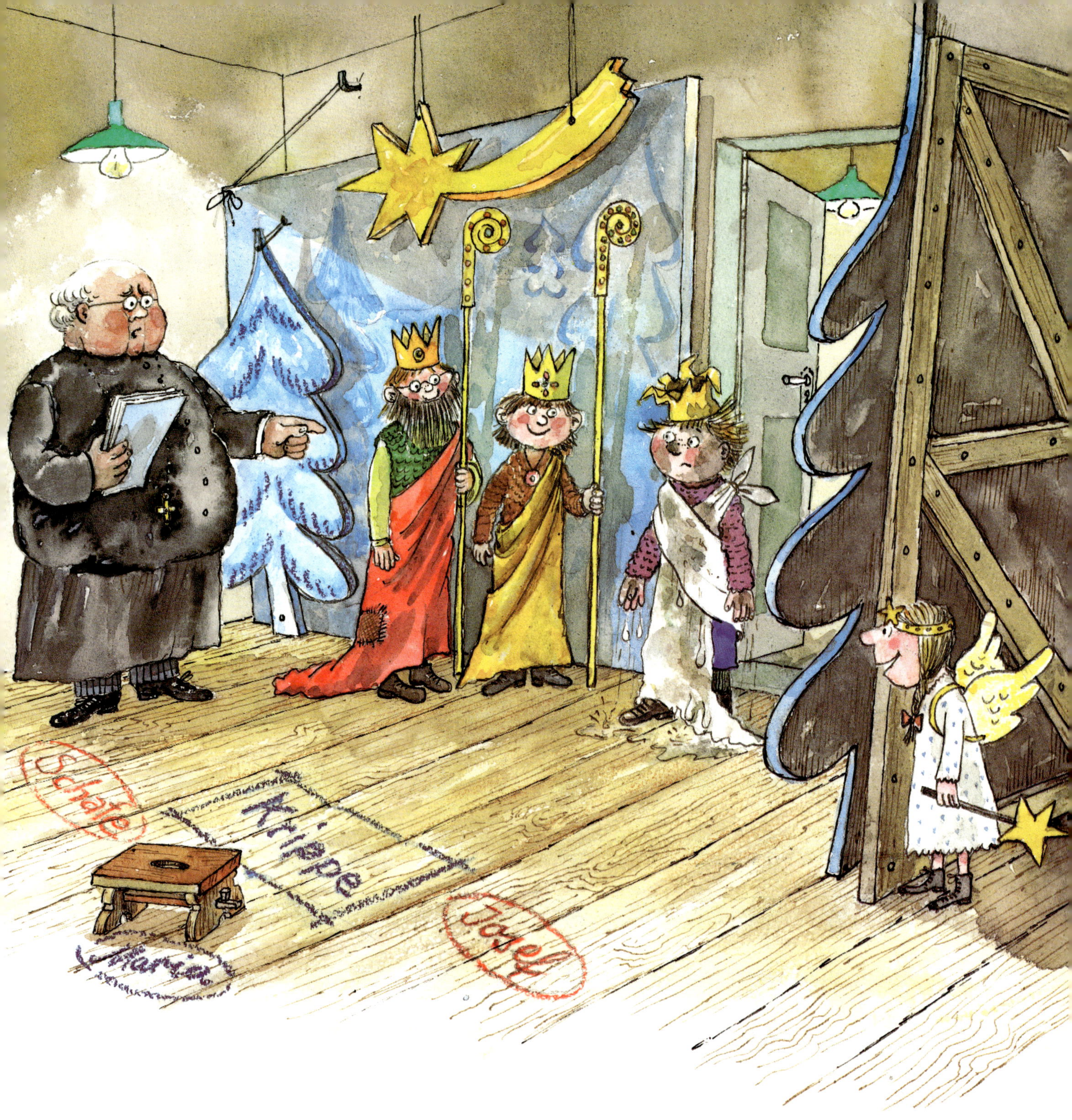
Schafe
Krippe
Josef
Maria

Als die Maschin' grad as Pfeifen ang'fangt hat, war des wie a mahnendes Signal!
"Mein Gott! Die Probe!!"
Schnell hat er aus'm Schrank a weiß' Bettlaken rausg'rissen und sei vergoldete Papperdeckelkrone aufg'setzt und is wira Wiesel in d' Schul' g'rennt!
Und wias so kumma muaß: Vor lauter Hudeln und Pressiern hod's ihn grad no direkt vor da Schultür mitten in a große Pfützn neig'haut...
Mei, hod er ausg'schaut!
Alles hat natürlich g'lacht, wie er so daherkumma is...
Nur der Pfarrer net!
"Also Schorschi, jetzt reichts mir aber endgültig mit deim ständigen Blödsinn!! Einmal lafft dir da Rotz runter, dann kannst dein Text net und jetzt des... Schau dich amal an - wiest ausschaust!
Wie a heiliger Saubär! Beni! Du übernimmst sofort am Schorschi sei Rolle!!!"
Na ja - was soll's, hat si da Schorschi denkt, dann macht's eier Krippenspui eben ohne mi!
Am letzten Schultag war dann in der Aula die feierliche Aufführung. Da Schorschi is mit seine Eltern sauber rausputzt in der ersten Reihe g'sessen. Leicht nervös und mit schlechtem G'wissen is er auf sei'm Stuhl rumg'rutscht. Alles war so peinlich feierlich... Die vielen Kerzen und Tannengestecke, lauter andächtige, fromme Menschen und die ergreifenden Lieder... Als dann no die Heiligen Drei König' einmarschiert sind und da Beni an der Krippen beim Christkind niederkniet is - da is eam as Herz endgültig in d'Hosen g'rutscht...
Da san eam still und leis a paar Tränen über seine frechen Lausbubenbacken g'kullert...
Da hat er si g'schworn:
"Next's Jahr bin i dabei! Da reiß i mi z'samm! Da werd's eich wundern! Des is doch a feine Sach - so a heiliger, schwarzer Negerkönig..."

Krippenspui = Krippenspiel
mit Ruaß o'schmiern = mit Ruß anschmieren
g'schert = deftig
Negerlätschn = Negermund
as laffa ogfanga = das Laufen angefangen

A Vogerl

A Vogerl sitzt staad in seim Häuserl
d'Sonn hod eam d'Flügel verbrannt
beim Fliagn über Grenzen und Meere
de Sonn' von am südlichen Land.

A Vogerl sitzt staad in seim Häuserl
de andern san längst scho davo
da Frost krallt si ei in seim G'fieder
vereist is as Hei und as Stroh.

A Vogerl sitzt staad in seim Häuserl
a Futter is schwer no zum Kriagn
doch is des kloa Vogel net traurig:
"Nächst's Jahr weri a wieder fliagn!"

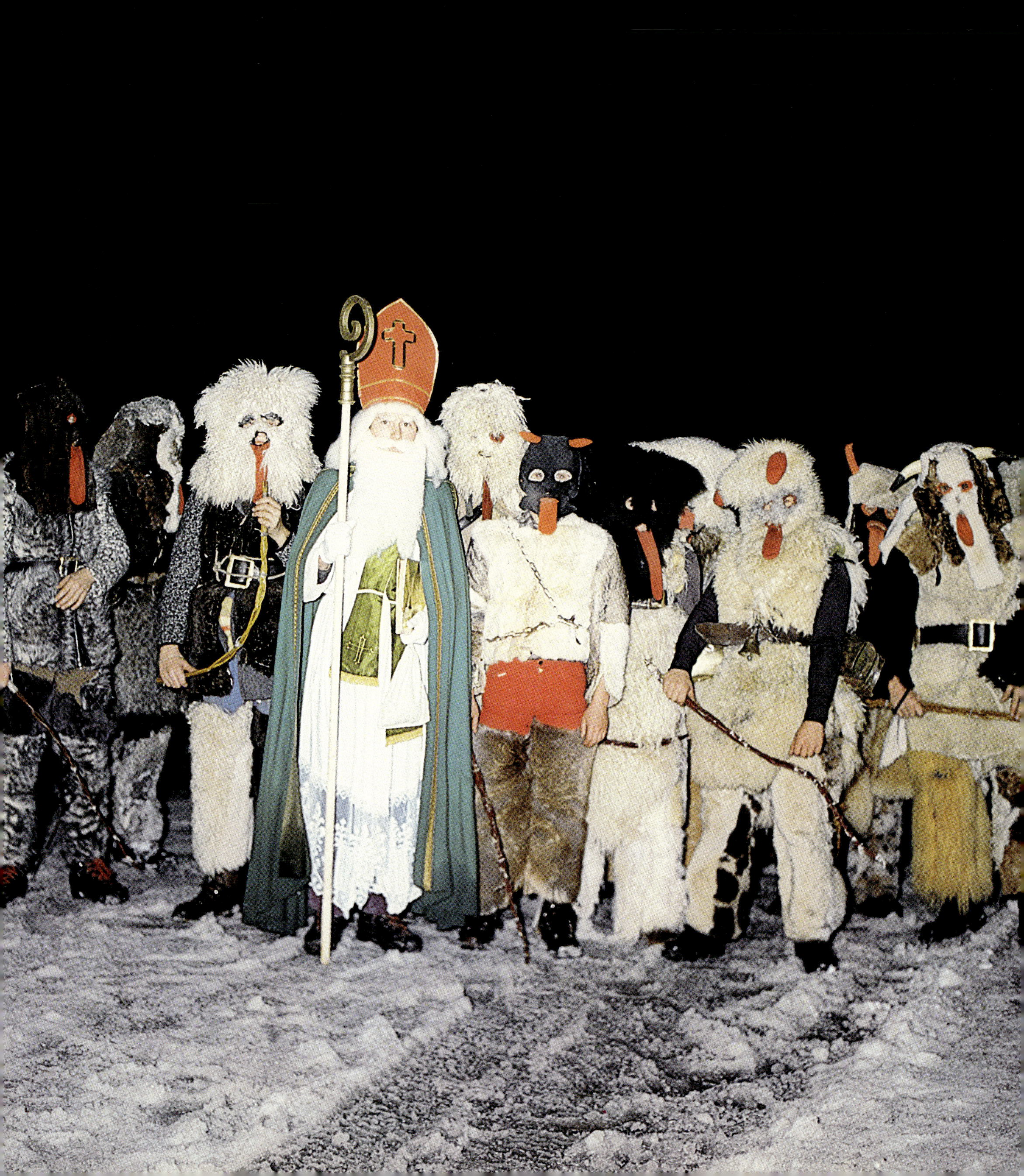

Akkordeon - Menuett

Musik: Georg Schwenk (Trad.)

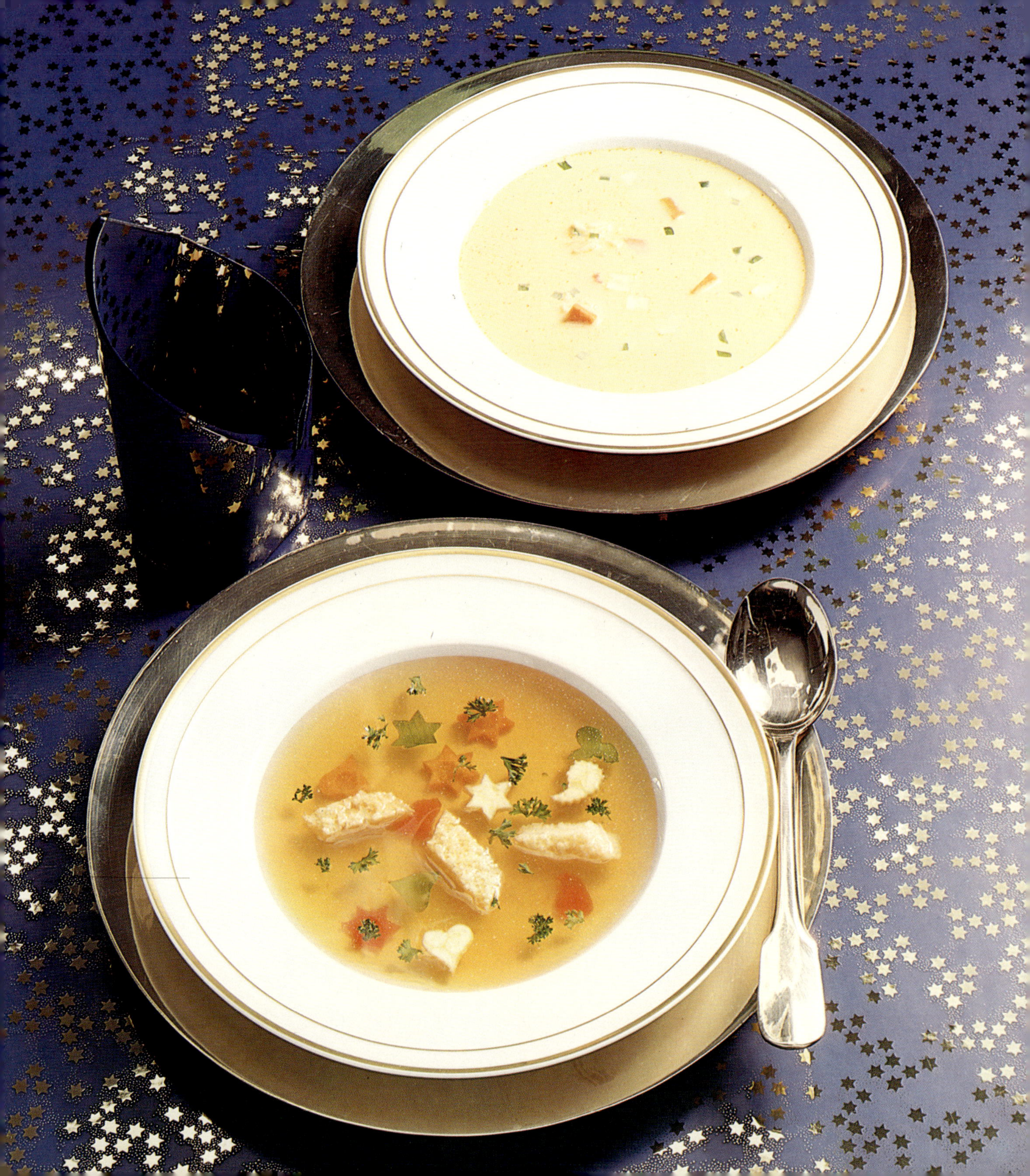

Christkindl Suppe

Rindssuppe zubereiten oder aus Maggi Suppenwürfel eine Suppe herstellen. Zur Verfeinerung sollte man ca. 15 Min. 2 Karotten mitkochen lassen. Die Eier trennen. Das Eigelb mit Mehl vermengen, Eiweiß sehr steif schlagen und unterziehen. Suppe nochmals aufkochen lassen und den Topf vom Herd nehmen. Eimasse darauf verteilen und stocken lassen (ca. 10 Min.). Eischaum mit dem Schaumlöffel herausnehmen und in Rhomben schneiden. Tomate, Zucchini und die gekochten Karotten in hübsche Formen (Sterne, Monde etc.) schneiden und zur Suppe geben. Die Suppe ist vor allem bei Kindern sehr beliebt.

2 Karotten (ca. 150 g)
1 l Rindssuppe oder
1 Würfel Maggi Klare Suppe
mit Suppengrün
mit 1 l Wasser aufkochen
2 Eier
knapp 1/2 KL Maggi
Würzmischung 2
1 Tomate
1 Zucchini
2 EL Sherry
Petersilie

* * *

Forelle mit Mandeln

Da der traditionelle Weihnachtskarpfen vielen zu üppig ist, hier ein leichtes Fischrezept.
Die Forellen ausnehmen und unter fließendem Wasser sorgfältig waschen, tiefgefrorene Forellen nach Packungsangabe auftauen. Innen und außen mit Zitronensaft beträufeln und salzen. Butter in einer grossen Kasserole erhitzen, Forellen darin auf beiden Seiten anbraten und dann auf jeder Seite schön braun gar braten (ca. 8-10 Minuten). Mandeln zum Schluß zufügen, goldgelb werden lassen. Auf einer vorgewärmten Platte anrichten, Mandeln darüberstreuen und mit gehackter Petersilie bestreuen. Dazu reicht man Petersilienkartoffeln und gemischten Salat.

4 Forellen (ca. je 250 g)
Saft einer Zitrone
100 g Butter
150 g blättrig geschnittene Mandeln
1 Bund Petersilie
2 Zitronen

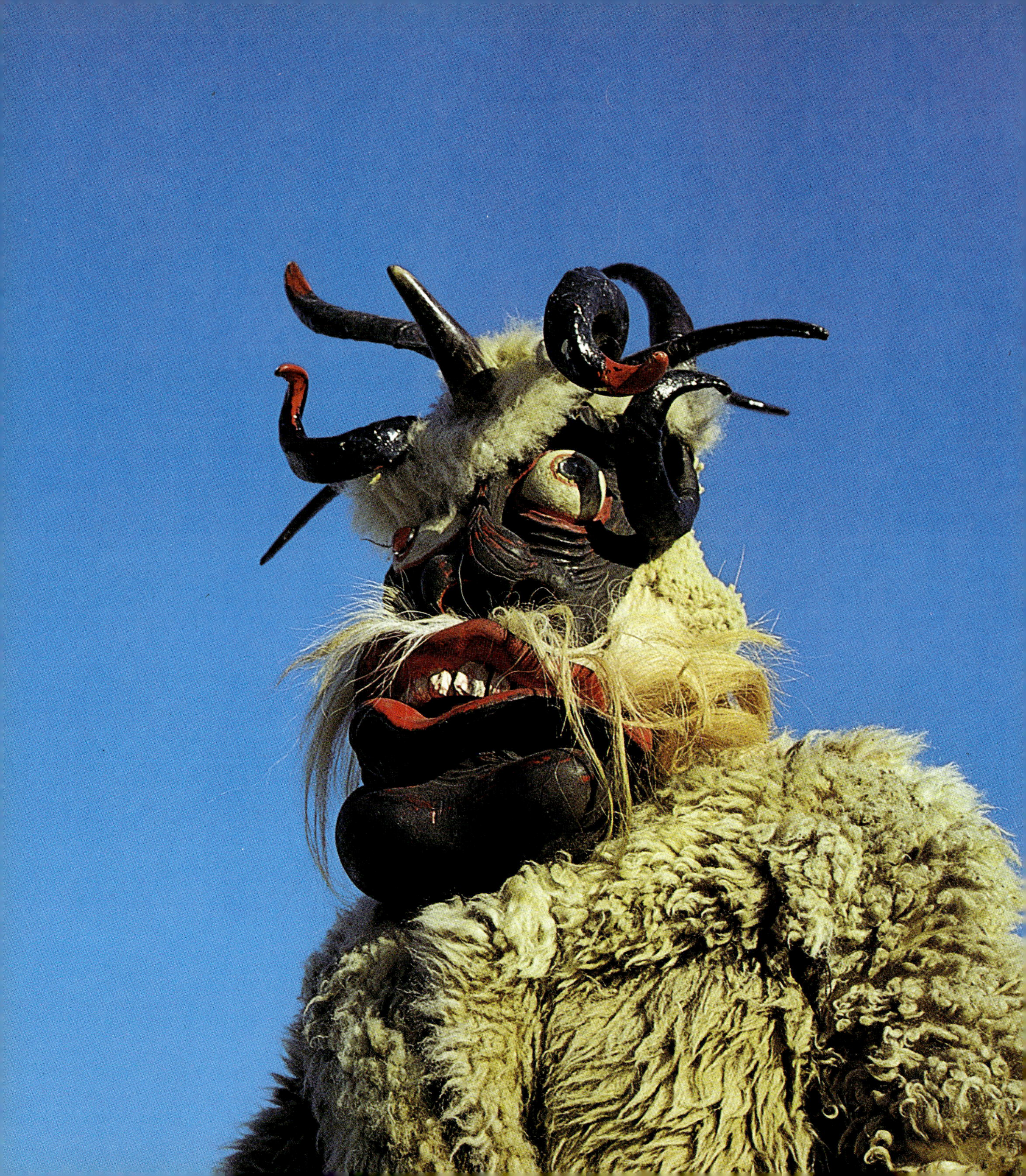

Die Perchten

Vor allem in den Alpen galt die Zeit der Wintersonnenwende, die unendlich langen Nächte und kurzen Tage davor und danach als eine von Dämonen und Geistern bevölkerte Zeit. Mit den verschiedensten Opfergaben zollte man den zürnenden Göttern Tribut, versuchte aber gleichzeitig mit allerlei Tricks sie dazu zu bewegen, zu weichen und der alles erwärmenden Sonne das Regiment zu überlassen. Die Wiedergeburt der Sonne wurde in grauer Vorzeit auf manigfache Art und Weise gefeiert und wohl nicht ohne Grund verlegte die katholische Kirche das Fest der Geburt Christi, welches ja bis in das 4. Jahrhundert herein am 6. Januar gefeiert wurde, auf die Zeit der Wintersonnenwende vor. So verschmolzen einst heidnische Sitten und Gebräuche mit einem kirchlichen Festtag.
Doch trotz aller Bemühungen seitens der Kirche, erhielten sich gerade in den Bergen einige kultische Bräuche, deren Ursprünge auf Kelten, Germanen, Slawen und Illyrer zurückgehen. Zu den bekanntesten dieser Bräuche zählt das Perchtenlaufen, welches in vielen Orten der Alpen abgehalten wird.

Einst vom althochdeutschen Wort "peraht", was so viel wie herrlich, prächtig oder leuchtend hieß, abgeleitet, sagt es doch wenig aus, über das zwiespältige Wesen dieser weiblichen Dämonengestalt. Die Frau Perchta besitzt nämlich zwei Gesichter, ein gutes, schönes für die rechtschaffenen Leute und ein böses, häßliches für all diejenigen, die es mit der Ehrlichkeit nicht so genau nehmen. Ihr Unwesen treibt sie besonders am Perchtentag, der den zwölf Rauhnächten zwischen Weihnachten und Dreikönig nachfolgt. Sind die Rauhnächte schon voll von dem dämonischen Treiben der Verstorbenen, so zieht die Frau Percht am Tag nach der letzten Rauhnacht durch das unter der Winterlast leidende Gebirgsland, belohnend und bestrafend zugleich. Begleitet wird sie von dem Seelenheer der ungeborenen Kinder. Es ist noch gar nicht so lange her, da war der Glaube an die Frau Percht im Volke sehr lebendig.

Heute, da wir ja an nichts mehr glauben, ist die Frau Percht mit ihren schönen und "schiachen" Gesellen zur Touristenattraktion verkommen, festgehalten auf tausenden Metern von Zelluloid, aufgehängt in Form ihrer Masken als Antiquität in den Wohnzimmern der Städter, damit die unwissenden Besucher sich ein bißchen gruseln können.

Quer durch die Alpen zieht sich der Perchtenbrauch. Da gibt es die Schnabelperchten aus dem Rauriser Tal, die Buttmandl aus Berchtesgaden, die Pinzgauer Tresterer, die einen geheimnisvollen Tanz aufführen, die gar grausig anzusehende "Wilde Gjaid vom Untersberg" bei Salzburg, die weiße Habergeiß aus dem steiermärkischen Raum, die Tafel- und die Jagdperchten aus dem Gasteiner Tal, in deren Mitte der Turmpercht geht, dessen Kopfputz, meterlang, an die Prangstangen der Sommersonnenwende erinnert, die Schön- und die Schiachperchten aus Altenmarkt im Pongau, die bis zu vier Meter hohe Tafeln, geschmückt mit Spiegeln, Silberketten und Strohblumen, auf ihrem Kopfe balancieren.

Unzählige mystische Geschichten ranken sich um die Perchten, wundersame und grausige und man kann sich schon vorstellen, wie Kinder und Erwachsene früher den Erzählern gelauscht haben, während draußen der Sturm ums Haus heulte und Frau Percht über's Land zog - strafend und belohnend zugleich.

Koid is

Musik: Hermann Weindorf

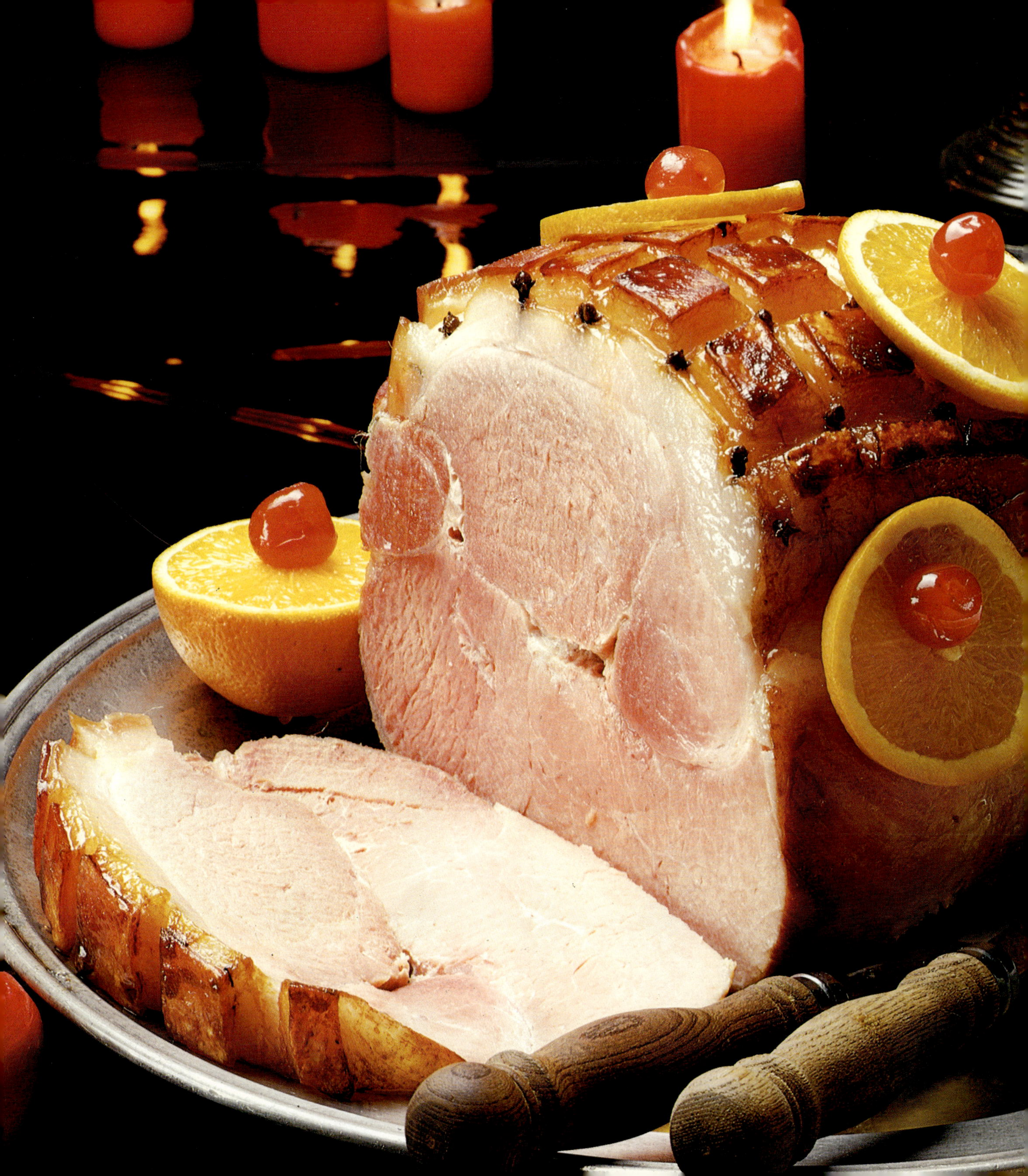

Weihnachtsschinken

Die Schwarte vom Metzger einritzen lassen, Schinken mit kaltem Wasser abspülen, abtupfen und in einem großen Bräter mit etwas Fett oder Öl ca. 1/2 Stunde anbraten. Dabei immer wieder mit dem Weißwein übergießen. Wenn die Kruste sich braun zu färben beginnt, den Schinken mit Alufolie abdecken und weitere 2 1/2 Std. garen. Aus Senf, Weinbrand und Honig eine Marinade bereiten, den Schinken herausnehmen, mit dem Pinsel die Marinade in die Kruste einpinseln. Eine weitere 1/4 Std. braten. Den Schinken herausnehmen, auf einer vorgewärmten Platte servieren. Wer will, kann den Schinken mit Orangenscheiben garnieren. Ist der Schinken zu stark gepökelt, legt man ihn am Vortag in kaltes Wasser und wechselt dieses jede Stunde.
Garzeit: Ca.3 1/2 Std.
E-Herd 200 - 225°, Gasherd Stufe 3-4

1 ganzen, ausgebeinten, gepökelten Schinken von ca. 3-4 kg
1/4 l Weißwein
1 EL Senf
3 EL Weinbrand
2 EL Honig
5 EL Öl oder Bratfett

✷ ✷ ✷

Gespickte Hasenkeulen

Hasenkeulen mit Pfeffer und Salz einreiben und in einem großen Topf in heißem Öl von allen Seiten gut anbraten. Zwiebeln in große Würfel schneiden. Lorbeerblatt zugeben. Fleischbrühe nach und nach angießen und im vorgeheizten Backofen bei starker Mittelhitze ca. 1 Stunde garen. Fleisch einmal wenden. Hasenkeule herausnehmen und warmstellen. Bratensatz mit wenig Wasser lösen. durch ein Sieb streichen und bis zu knapp 1/4 Liter Flüssigkeit auffüllen. Soße mit in Sahne angerührter Speisestärke binden und abschmecken. Erst kurz vor dem Servieren den durchgepreßten Knoblauch beifügen.
Dazu schmecken böhmische Knödel und Rosenkohl im Nußmantel.

3 Hasenkeulen (ca. 1000 g)
Pfeffer, Salz
6 Eßlöffel Öl
2 Zwiebeln
1 Lorbeerblatt
1/8 - 1/4 Liter Fleischbrühe
1/8 Liter Sahne
1 Eßlöffel Speisestärke
1/2 - 1 Zehe Knoblauch

Da Owi

Daß da Schorschi a bisserl a Wuida war, war eigentlich in da ganzen Schui bekannt.
Was hoaßt a Wuida? Er war hoid net so wia alle andern warn. Er hod hoid scho von kloa auf sein eignen Kopf g'habt.
Wenn der Lehrer "Ruhe" g'sagt hod, hat des fürn Schorschi gar nix bedeit, wenn er no was zum Sagn g'habt hod. Na, as Mei hod er sie von Garneamd verbieten lassen. Dazua is vielleicht no kumma, daß er hoid net der Beste in der Klasse war.
Aber mei, des war am Schorschi wurscht, daß er an Fünfa im Rechnen g'ghabt hod. Schließlich hat er ganz genau g'wußt, wiavui Stoana, Schusser, Nägel, Schnürl und Guatl er in da Taschn hod.
Des hod er net wissen miassn, wiavui 3 mal 16 oder 8 weniger 4 warn. Na, na - des hod er net braucht. Was hod er denn dafür kenna, daß in da Schui immer so an Schmarrn wissen woin, ha?!
Was da Hannibal mit seine Elefanten g'macht hod, wia diaf as Pariser Becken is und wo da Hunsrück is?
Des war eam doch wurscht!
Hauptsach, er hod g'wußt, wo ma Äpfe stein ko, wos Frösch gibt, wia ma Judenstrick trocknet und raucht, ohne daß ma se schpeibt oder nomehr - und wia weit sei Zwistel geht.
Des war am Schorschi sei Lem, des hodn interessiert! Net des andere do, den Blädsinn, den soillten nur die anderen lerna.
Jedoch oans hatn irgendwo druckt, ja fast g'stunga, nämlich, daß er nie a Fleißbillet kriagt hod, Hauchbuidl hod ma a g'sagt!
Aber was soid er macha?
So wia die andern Fleißbuidl gsammelt ham, hod er hoid Tatzen, Verweise, Watschen und Nachsitzen g'sammelt, da war er Meister!
Auf oamoi is sei Chance kumma, nämlich wia da Zeichenlehrer Waschl

Weihnacht

Dinosaurier

- hamma zu eam g'sagt - eines Tages g'moant hat:
"Also, meine lieben Mädel und Buben! Jeder von Euch kennt doch sicher dieses schöne Lied:
'Stille Nacht, heilige Nacht', gell?
Nehmt jetzt Euren Zeichenblock und Malkasten heraus. Und dann zeichnet jeder, was ihm zu diesem schönen Lied einfällt! Wer das schönste Bild hat, der bekommt von mir ein extra buntes und großes Fleißbild, gell!"
Oh, oh, des is, des is! Hod si da Schorschi denkt, des is mei Chance! Weil - moin hod er scho immer guat kenna, und schließlich hätt er ja da Muata a amoi a Freid damit g'macht, grad jetzt, so kurz vor Weihnachten.
Am End von da Stund, wia alle fertig warn, hod da Waschl na alle Buidl eig'sammelt, hod's wohlwollend bis kritisch betrachtet und woid fast scho den Fleißbilletsieger verkünden, da kriegt er ois sletzts, am Schorschi sei Zeichnung in d'Finger!!
"Ja Schorschi, was isn des? Des hob i ja no nie g'sehn! Ja, wer is denn des kleine dicke Männchen da neben der Maria und dem Joseph, des da direkt neben am Christkind seiner Wiege steht und lacht und lacht?"
Voller Stolz ist da Schorschi aufg'standn:
"Des is da Owi, Herr Lehrer!"
"Aha, der Owi, so, so, mmh, interessant!
Ja, aber den kenn ich doch gar nicht, der kommt doch in dem ganzen Lied nicht vor?!"
"Doch, doch Herr Lehrer, den gibt's scho, des woaß i ganz genau, es hoaßt doch:
Stille Nacht, heilige Nacht, Gottes Sohn, Owi lacht!"
Da hat die ganze Klass g'lacht und da Waschl a.
"Da Owi, ha, ha, schau, schau, da OWI, typisch Schorschi!
Na, des Fleißbillet hast da trotzdem verdient, für die lustigste Zeichnung.
Da kumm her Schorschi, da hast as, Saubua!!"

Wuida = Wilder
Schui = Schule
hoid = halt
Mei = Maul
Garneamand = gar niemand
wiavui = wieviel
Stoana = Steine
Schusser = Murmeln
Guatl = Bonbon
stein = stehlen
Fresch = Frösche
Judenstrick = getrocknete Pflanzenstiele
schpeibt = bricht
Lem = Leben
Zwistel = Steinschleuder
g'stunga = gestunken, d.h. geärgert
g'moin = gemalen
Muata = Mutter
Buidl = Bild

Das Fatschnkindl vom Kloster Reutberg

Dort, wo Oberbayern am schönsten ist, wo die steineren Alpenriesen in die sanften Hügel des oberbayerischen Voralpenlandes übergleiten, wo unergründliche Moorseen wie leuchtende Augen aus dem grün der Wiesen hervorstechen, liegt das Kloster Reutberg nächst dem Ort Sachsenkam. Es gehört sicherlich nicht zu jenen spektakuklären Klöstern Bayerns, die in ihrer üppigen Barockschönheit jedem Kunstband zur Ehre gereichen - im Gegenteil. Reutberg ist eigentlich weithin unbekannt - nur einige wenige wissen um den Schatz welches das kleine Kloster beherbergt.

Gegründet wurde Reutberg im Jahre 1606 von Graf Johann Jakob Papafaba, seines Zeichens Hofmarkherr von Reichersbeuern und Sachsenkam und seiner Gemahlin Anna, geborene Piezenauer. Auf einer seiner zahlreichen Reisen war der angesehene Adelige auch nach Loreto in Italien gekommen, welches in jener Zeit zum wohl bedeutendsten Gnadenort des Abendlandes aufgestiegen war. War doch dort, in einem Lorbeerhain, das steinere Haus der Heiligen Familie von den Engeln abgesetzt worden. Natürlich entstand bei weitgereisten Gläubigen der Wunsch, auch nördlich der Alpen eine Loretokapelle zu errichten. Papafaba errichtete nach seiner Rückkehr aus Italien auf der gerodeten Höhe über Sachsenkam maßstabsgetreu nach dem Vorbild von Loreto das Heilige Haus von Nazareth in einer Grundfläche von 10 x 4 Metern und einer Höhe von durchschnittlich 5 m. Noch heute gibt dieses Lauretanische Haus, welches ohne jedes Fundament über einer unbefestigten Landstraße thront, Architekten und Geologen Rätsel auf. 1618 errichtete Gräfin Anna ein Klostergebäude neben der bereits zweifach erweiterten Loretokapelle und besetzte es mit Schwestern aus dem Orden der Tertiarkapuzinerinnen.

Als während der Säkularisation in Bayern zahlreiche Klöster aufgelassen wurden, wurde Reutberg zu einem Zentral- und Ausster-

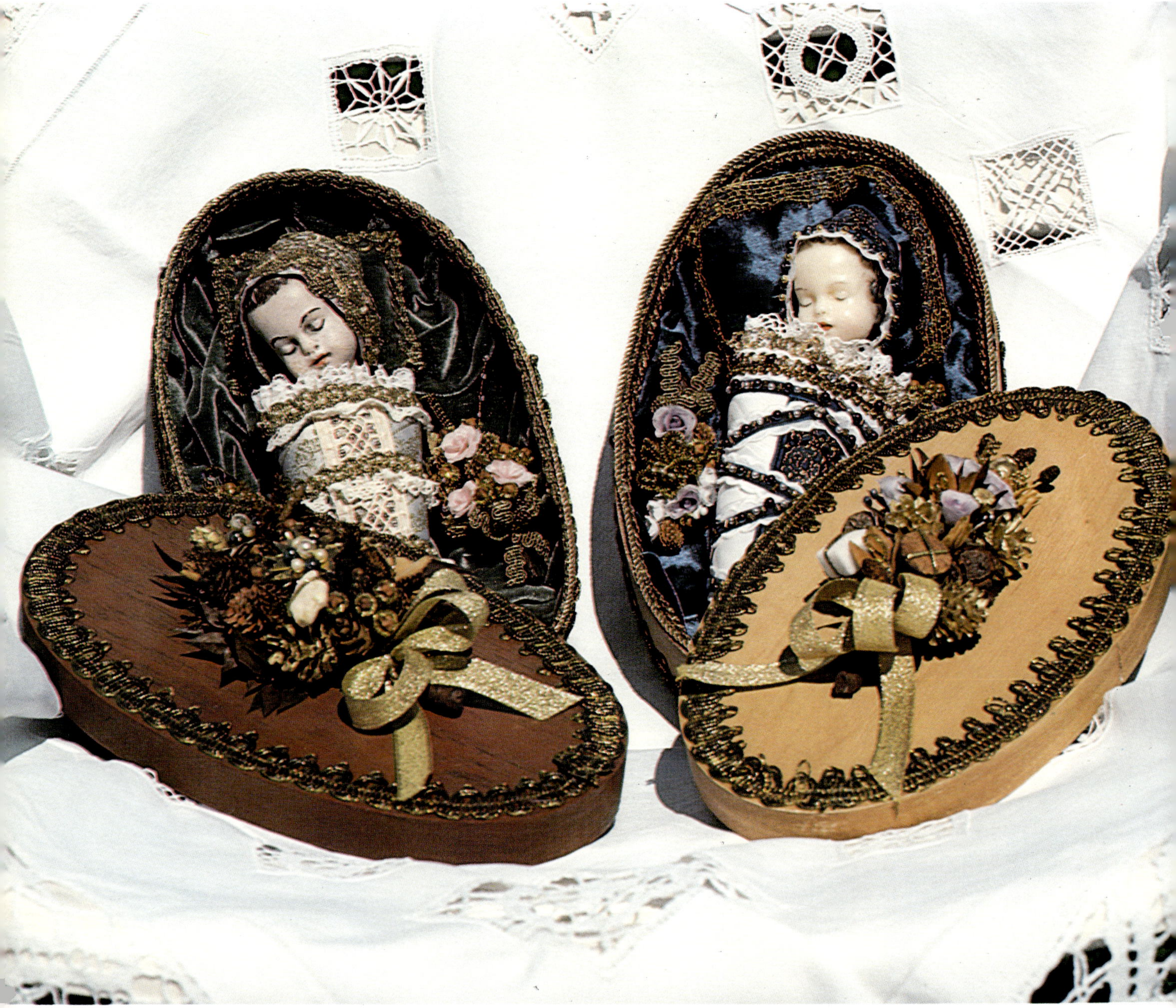

bekloster bestimmt. Neben anderen Klosterschwestern wurden auch die in München beheimateten "Bittrichschwestern" nach Reutberg zwangsumgesiedelt. Und sie waren es die das "Bittricher Gnadenkind" nach Reutberg brachten. Das prachtvoll, ganz nach Sitte der Barockzeit gewandte Jesukind dürfte das Vorbild für die heute noch berühmten Reutberger Fatschnkindl gewesen sein. Diese gab es im Barock in jedem besseren Bürgerhaus. Der Name leitet sich von den bindenartigen Stoffstreifen her, mit denen man einst die Kinder wickelte, d. h. "fatschte". Die oberste Lage dieser Streifen war stets wertvoller Brokat, aus den Resten von Abend- oder Kirchenkleidern hergestellt, zusätzlich wurde die Fatsche noch mit Perlen und Goldschnüren dekoriert. Das meist wächserne Gesicht wurde in zarten Farben bemalt. Nicht fehlen durfte und darf beim Fatschnkindl das drumherum. Entweder im Glassturz, im Glaskasten oder im sogenannten "Paradieserl" gelegen, wurde das Bett des Fatschnkindls mindestens ebenso prächtig und reichhaltig ausstaffiert, wie die Fatsche selbst. Vorbild blieben aber stets die vielfältigen Loreto-Jesukinder.

Heute verlassen nur noch wenige dieser Fatschnkinder das Kloster, um unter dem Weihnachtsbaum an das über 350 Jahre alte Reutberger Kindl zu erinnern. Aber es gibt ab und an noch geschickte Frauenhände, die in mühseliger Heimarbeit so ein Fatschnkindl fertigen können. Meist findet man sie dann auf den Weihnachtsbasaren der Kirchen - so wie diese beiden abgebildeten Fatschnkindl, die in prachtvoll ausgeschmückten Spanschachteln ihr Bett gefunden haben.

Früchtebrot

3 Eier
100 g Feigen
150 g Zucker
100 g Rosinen
75 g Haselnüsse
1/2 Zitrone
50 g Mandeln
1 gehäufter Kaffeelöffel Pfefferkuchengewürz
100 g getrocknete Pflaumen
125 g Mehl
100 g getrocknete Aprikosen
1 Kaffeelöffel Backpulver
100 g Datteln
1 Likörglas Himbeergeist

Eier und Zucker gut schaumig rühren. Die grob gewiegten Haselnüsse und Mandeln, kleingeschnittene Pflaumen, Aprikosen, Datteln, Feigen sowie Rosinen daruntergeben. Den Saft und das Abgeriebene von 1/2 Zitrone, den gehäuften Kaffeelöffel Pfefferkuchengewürz und das mit dem Backpulver gemischte Mehl sowie 1 Gläschen Himbeergeist untermischen.

Den dicken Teig in eine mit Pergamentpapier ausgelegte Kastenform (24-26 cm) einfüllen und bei mittlerer Hitze etwa 1 Stunde backen. Das Früchtebrot einige Tage liegenlassen. Erst dann aufschneiden.

* * *

Bratäpfel

4 Äpfel (z.B. Boskop, Cox Orange oder Jonathan)
30 g Butter
4 TL Zucker
Margarine oder Butter zum Einfetten
1 Eiweiß
4 EL Apfelmus
30 g Mandeln, gehobelt
4 cl Calvados

Äpfel waschen, trocknen und Kerngehäuse ausstechen. Auf jeden Apfel ein Butterflöckchen geben und mit 1/2 TL Zucker bestreuen. Auf ein gefettetes Backblech setzen und 25 Min. bei ca. 220° garen lassen. In der Zwischenzeit Eiweiß mit Zucker steif schlagen. Äpfel herausnehmen, Apfelmus mit Calvados vermischen und je 1 EL in jeden Apfel geben. Eiweiß als Schneehaube aufsetzen und im Rohr goldbraun überbacken. Mit den gehobelten Mandeln garnieren.

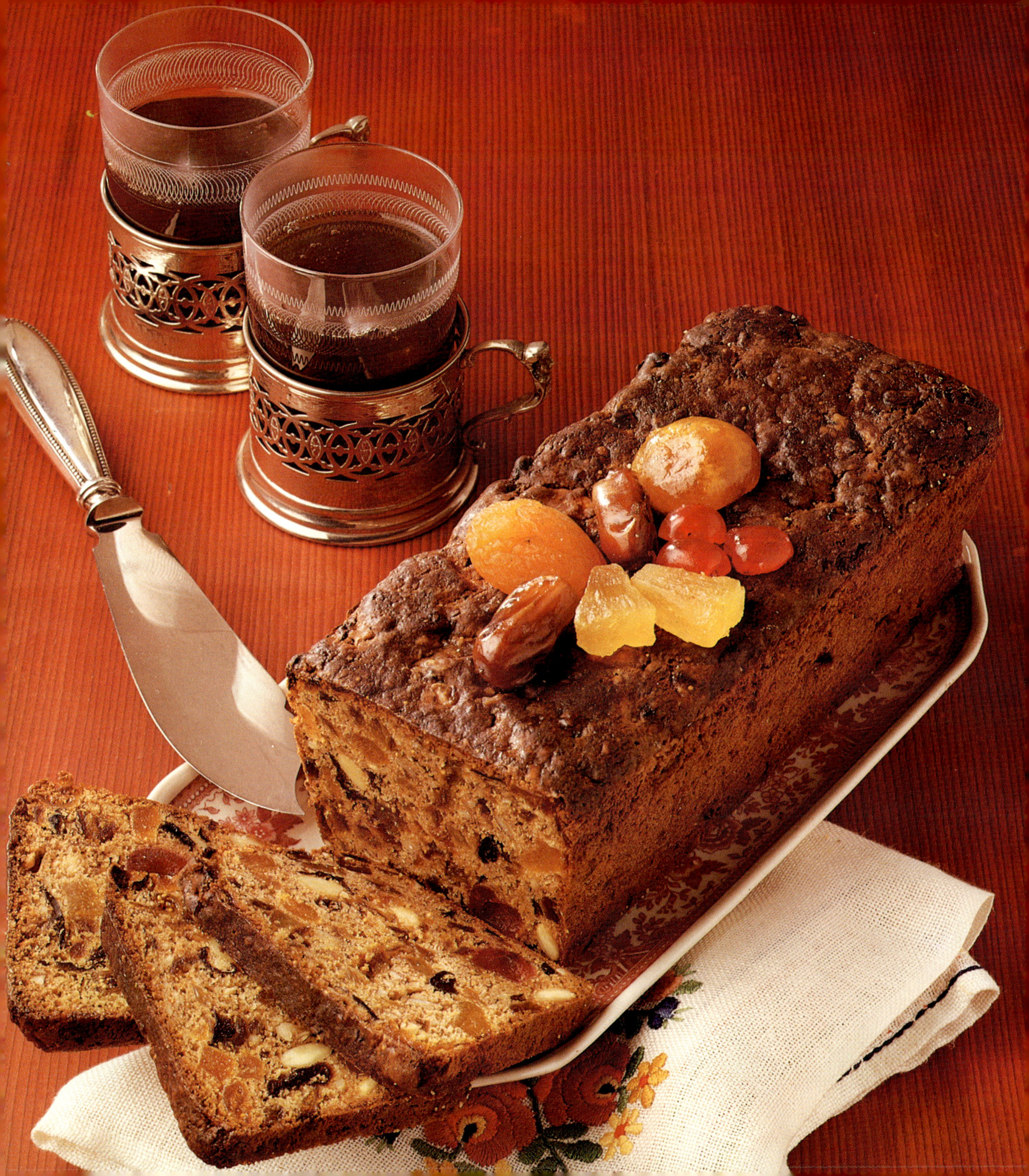

Da Wasserkessel hod g'sunga

1. Da-a Wasser-kessel ho-od g'su-n-ga a gria-big schens Liad; vo-om Blea-merl des fe-estg'fror'n am Kuchel-fen-ster bliad; von am Vogerl des net woaß, wa-as heid wie-der macht e-es sucht no an Platz für die eis-kal-te Nacht; von am Nacht;

2. Da Wasserkessel hod g'sunga
a griabig schens Liad;
vom Büberl im Betterl
und des Büberl is miad;
von de Träum, die er träumt, in seim kuschligen Bett
und Steandal, die eam leicht'n, auf seim langa Weg.

3. Da Wasserkessel hod g'sunga
a griabig schens Liad;
vom Feier im Ofa,
des langsam verglüht;
von Brataäpfe, Kerzen und von g'reicherte Würscht
und am Katzerl, des no nach am Schluck Milli dürscht.

Da Wasserkessel hod g'sunga
a griabig schens Liad;
da Ofa is aus, und jetzt is er a miad;
a Wärmflascherl geht no aus seim Grantl raus,
für heid is a Ruah, denn as Wasser is aus.

Musik: Hermann Weindorf   Text: Claus Dittmar

Sebastian Osterrieder - Altmeister der bayerischen Krippenkunst

Am 19. Januar 1864 wurde dem niederbayerischen Bäckermeister Osterrieder aus Abensberg ein Sohn geboren, der wie auch der Vater das Bäckerhandwerk erlernen sollte. Vielleicht war es gerade die Verformbarkeit des Teiges, die dem Kind seinen späteren künstlerischen Weg aufwies - diese Frage kann wohl kaum mehr beantwortet werden. Schon als junger Bub schnitzte Sebastian Osterrieder begeistert Krippenfiguren aus Baumrinde und Lindenholz und erfreute damit nicht nur seine Schulkameraden sondern auch die Bauern der näheren Umgebung.

Wieviel Überredungskunst es bedurfte, dem Vater seinen Berufswunsch klarzumachen, ist nicht überliefert - aber Osterrieder schaffte es. Er durfte in München an die Kunstakademie, wo Ludwig Loefftz einer seiner Lehrer wurde. 1897 ging Osterrieder nach Italien und errichtete sein erstes Atelier in Rom. Hier eignete er sich vor allem jene Technik an, die seinen Krippen jene unverkennbare Note verlieh. Später reiste Osterrieder nach Palästina, wo er von den biblischen Stätten, von den dort lebenden Menschen und Tieren zahlreiche Skizzen mit nach Hause brachte. "Und gerade diese originalgetreuen Details sind es, die den Osterrieder-Krippen ihren hohen historischen Wert verleihen (G. Goepfert in Bayerland)".

Im Laufe der kommenden Jahre schuf Osterrieder unzählige Krippen, die noch heute in ganz Europa zu bewundern sind. Allerdings wurde der Schöpfer derselben oft vergessen. Jahrelang hielt man seine schwäbischen Krippen für solche aus der Barockzeit - er hatte mehr als 20 dieser Kunstwerke für den Regierungsbezirk Schwaben geschaffen. Osterrieder Krippen findet man heute noch im Dom zu Paderborn, in Belleville, Freising, Passau, Grevenbroich und sogar in Cleveland/USA steht eine. Reich vertreten sind seine Arbeiten auch in München, wo in zahlreichen Kirchen zur Weihnachtszeit eine Osterrieder Krippe aufgestellt werden kann.

Aber...."auch Krippen haben ihre Schicksale. So waren es gewiß nicht allein die unmittelbaren Auswirkungen des Zweiten Weltkrieges, unter denen die Osterrieder-Krippen gelitten haben. Vor allem das bald darauf um sich greifende Bedürfnis, Altes durch Neues, zu ersetzen und historische gegen bayerische Krippen auszutauschen, aber auch die zunehmende Hinwendung zur Jahreskrippe mit beweglichen Figuren hat so manche Osterrieder Krippe verdrängt. Hinzu kam wohl auch, daß in Verkennung der Herstellungsart nicht selten die Figuren als Pappmaché-Erzeugnisse mißdeutet wurden. ....Bereits um das Jahr 1912 hatte Osterrieder auf die sizilianische Technik der Kaschierung zurückgegriffen, um seine in Modeln serienweise hergestellten Figuren preiswert zu halten und eine weite Verbreitung seiner Krippen zu gewährleisten....(G. Goepfert in Bayerland)."

Sebastian Osterrieder erfreute sich Zeit seines Lebens sowohl in kirchlichen als auch in weltlichen Kreisen hoher Wertschätzung. Er war im wahrsten Sinne des Wortes ein barocker Mensch, weltoffen und von stets optimistischem Sinn, er liebte die Geselligkeit und hatte ein Gespür für das Besondere. Unter anderem verdankte er seiner Spürnase die Entdeckung der bis dahin verschollenen sieben Altarbilder des Südtiroler Meisters Martin Pacher in Tiberias. Und bei einem Goldschmied in der Münchner Türkenstraße fand er die gesamte Kriegskorrespondenz von Andreas Hofer.

Kardinal Faulhaber schrieb ihm ins Gästebuch: "Für Meister Osterrieder sind Glaube und Kunst wirkliche Geschwister...."

Zinnfiguren als Christbaumschmuck

Mit zu den schönsten Arbeiten am Nachmittag des Christtages zählt das Schmücken des Christbaumes. Schon wenn man die unzähligen kleinen Schachteln und Kistchen vor sich ausgebreitet sieht und mit der mühseligen Arbeit des Auswickelns beginnt, erfaßt einen jedes Jahr auf's Neue ein Staunen und Wundern, ob all der kleinen Kostbarkeiten, die sich da im Laufe von vielen Jahren angesammelt haben. Strohgebilde, von unendlich geschickten Fingern geflochten, bemalte Christbaumkugeln, filigrane Holzfigürchen, goldene und silberne Nüsse und Zinnfiguren....

Früher, vor dem 2. Weltkrieg, sammelte jeder Bub seine Zinnsoldaten. Ganze Armeen lagerten wohlverpackt in kleinen Schachteln und warteten nur darauf, endlich in Formation aufgestellt zu werden. Nach dem Krieg verschwanden die Zinnfiguren fast gänzlich und erst seit einigen Jahren sieht man sie wieder in den Geschäften. Aber nicht mehr nur die kriegerischen Zinnsoldaten, sondern viele Formen und Figuren aus dem bäuerlichen Lebenskreis. Große und kleine Prozessionen kann man da bewundern, Hochzeiten, Maibäume, Trachtenpärchen, Blumengebinde, Vögel, Füllhörner und und und..... Zur Weihnachtszeit kommen dann die Gestalten der heiligen Familie hinzu. Wer will, kann sich die Figuren einer ganzen Zinnkrippe an den Christbaum hängen. Immer noch werden die Zinnfiguren fast ausschließlich in reiner Handarbeit hergestellt. Das flüssige Zinn wird mit Schöpfkellen in die vorgegebenen Formen gegossen, nach dem Erkalten herausgenommen. Sie werden bemalt "versäubert" und verpackt und sind nun reisefertig für den Versand in alle Welt. Und am Weihnachtsabend schimmert dann so manche Zinnfigur im matten Kerzenschein am Christbaum.

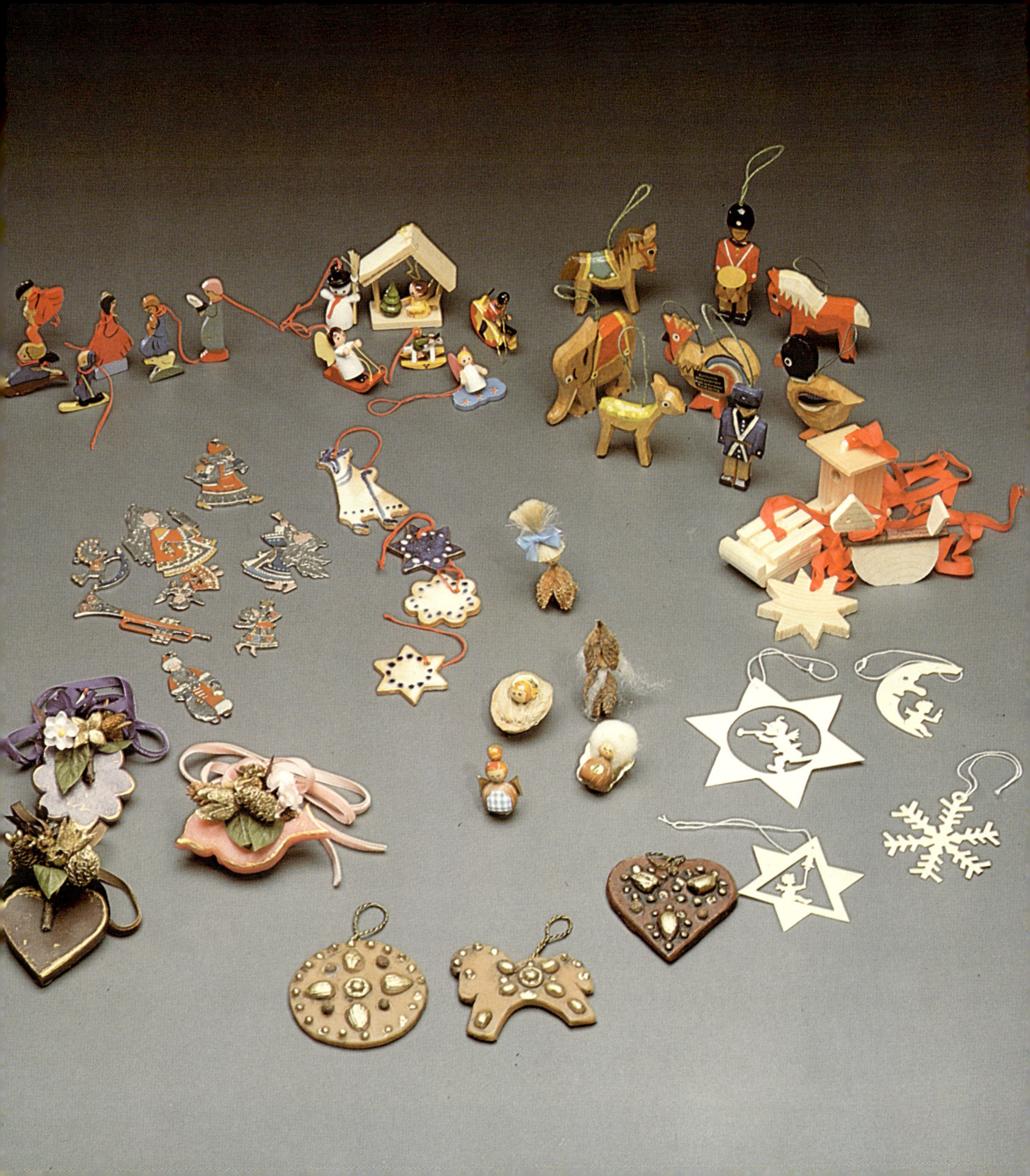

Der verhängnisvolle Kirchgang

Oiso, net daß moana, i wui jetzt wieder den oidn Schmarrn von de Bayern und de Preißn erzählen, na, na, des wui i net!
Jedoch für die G'schicht hod's an tiefern Sinn!
Damals hod ma bei uns einfach olle, di so von irngdwo daher kumma san, "Rucksackdeitsche" g'nannt. Dabei war des wurscht, ob de ausm Erzgebirge, Baltikum oder Elsaß kumma san, des war egal. Des warn Rucksackdeitsche - Preißn hoid!
Aber zu der Zeit war ja fast ganz Deitschland - oder des was no übrig war - mit'm Rucksack auf der Flucht.
Von links ham d'Amis reidruckt, von rechts da Russ' - und Engländer und Franzosen san mehr oder weniger so rumbröselt.
I kann ma guat vorstelln, daß da vui Leid nimma g'wußt ham wohi.
Meine Eltern jedenfalls hod's nach Tegernsee verschlagn, und da bin i dann geborn worn.
Na, net i, sondern der, der die G'schicht g'schriem hod!
Sie miassn si moi vorstelln, damals, so 1945, 46 rum, da war ja Tegernsee des allerletzte Nest. Vielleicht a paar hundert Einwohner. Lauter tausendprozentige Bayern! Solche, di si bis heid no net entschiedn ham, wer besser war, da König Ludwig oder da Adolf. Da war des fei a Todsünd, wenn ma in da Bäckerei "Brötchen" statt Semmeln valangt hod.
Da hams di fast no mitm Kirchenbann belegt.
Na ja, Ortsgespräch warst für die nächsten paar Tag auf alle Fälle!
In so einer Gegend hat's mei Vata ois g'lernda Preiß beruflich wirklich net einfach g'habt.
Aber er hat's a g'schafft! Er hod hoid a paar Sacha mehr g'wußt, ois de da unten.
So wurde er im Laufe der Jahre:

Leiter der Staatlich-, Bayerischen Schlösser-, Gärten- und Seen-Verwaltung; Vorsitzender vom Verband der Kriegsbeschädigten, Ortsverband Miesbach; Bürgermeisteranwartschaftsinspizient in lauernder Hamsterstellung; Ehrenmitglied bei der Fischereivereinigung und -
Stammgast im Herzoglich Bayerischen Bräustüberl!
Hams mi?
Heit sagt ma Karriere dazua!
Damois hod's was Sichers zum Essen bedeit!
Ja, und dann war da Weihnachten!
I woaß no ganz genau, Weinachten 1951.
Es war damals Tradition, daß ma die Christmette b'suacht hod. Des ganze Dorf war in der Kirch.
Da is ma scho aufg'foin, wenn ma gar net da war! Und drum warn alle da.
In da ersten Reihe san di sogenannten Honoratioren g'sessen.
Rausgeputzt mitm besten G'wand und natürlich mit feierlich erhabenem Gesichtsausdruck. In da zweiten Reihe san di g'sessen, di gern in da ersten sitzen dadn und in da dritten na mia.
Mei Vata, mei Muata...i und mei Schwester!
Und dann is passiert!
Sie miassn si vorstelln, mei Schwester is so oane, de kann einfach koan Witz erzähln, weils selber imma am meisten lacha muaß. De hod no nie an Witz zu End' erzählt. Also i kenn koan!
Passens auf, des geht dann ungefähr so:
Da geht oana ina Schuag'schäft nei - hi, hi, ha, ha - und sagt - hi, hi, hi, hi - i mechat gern an - hi, hi, ha, hi, hi - ham. Da sagt die Verkäuferin: Hi, hi, hi - des hama - hi, hi - scheivkd, ha, ha überhaupt nfhrinfh udn usna ha, ha, hi schbrgrunz!

Also, jetzt nomoi zur Christmettn.
Alles erhaben, gesittet, singend, fröhlich, andächtig! Mei Schwester is neben mia g'sessen, und irgendwann bei so am Liad is losganga!
Solang die Gemeinde g'sunga hod, is des gar net so auf'foin, aber dann: Da Pfarrer hod grad og'fanga g'habt aus da Bibel vorzumlesen.

Mucksmeiserlstaad wars! "Und es begab sich zu jener Zeit...." Prusten.
"....daß Maria und Josef...." Prusten. "Mmh, mmh sich aufmachten gen Jerusalem...." Prusten.
Do hod da Pfarrer as erste Moi aufg'schaut und... "ahem, ahem!" g'macht. "......zu ziehen, um sich schätzen zu laßen!" Oder so ähnlich.
Plötzlich hod mei Schwester as Lacha nimma z'ruckhoidn kenna.
Und sie hod aus vollem Herzen und voller Seele g'lacht und glacht, in dieser so heiligen Nacht!
Da unterbrach der Pfarrer sichtlich konsterniert die Lesung der Heiligen Schrift - und sprach zurückhaltend zornig von der Kanzel:
"Mit diesem ungezogenen Kind sollten Sie doch besser diese Stätte der Andacht an diesem höchst heiligen Tage schnellstens verlassen!!!!"
Au wei, au wei!
Mei Vata is blaß worn, mei Muata grün, i normal - und mei Schwester war feierrot, weil's immer no g'lacht hod.
Sie miassn si moi die Schand' vorstelln, in am so an kloana Ort!
Da Herzog war do, da Bürgermeister, die Stadträte, Bankmenschen Unternehmer, alle hoid!
Und dann so was! Mei, di Schand! Und dann no des Kind von am Preißn! Des hätt' meim Vata fast sein Platz am Stammtisch g'kost.
Vor da Kirch hod er's na o'plärrt:
"Du alberne Kuh, ja spinnst Du denn...?
Wie kannst Du mich denn so blamieren? Vor all den wichtigen Leuten. In der Kirche lachen, noch dazu am Heiligen Abend, ja wo gibt's denn so was, du blöde Ziege, du, du, du Kichererbse, du dumme!"
Es war nicht aus ihr rauszumbringa, warums so g'lacht hat, weils immer no g'lacht hod, den ganzen Hoamweg! Nur g'lacht und g'lacht und g'lacht!
Gell, jetzt mechtns a gern wissen, warums so g'lacht hod, mei Schwester. Ja schlagns hoid Ihr G'sangbuach auf.
Lied Nr. 128, Vers 4, letzte Zeile...
Ah, Sie ham koa G'sangbuach von 1951!
Na sog is Eana:

"LASSET FAHREN BRÜDER WAS EUCH QUÄLT!"

Oiso = also
moana = meinen
oidn = alten
wui = will
hods = hat es
neidruckt = hereingedrückt
Leid = Leute
ois g'lernder = als gerlernter
Hams mi? = Haben Sie mich?
auf gfoin = aufgefallen
miassn si = müssen sich
nomoi = noch einmal
z'ruckhoidn = zurückhalten
miassn si moi = müssen Sie sich einmal
gell = gell
Na sog is Eana = dann sage ich es Ihnen

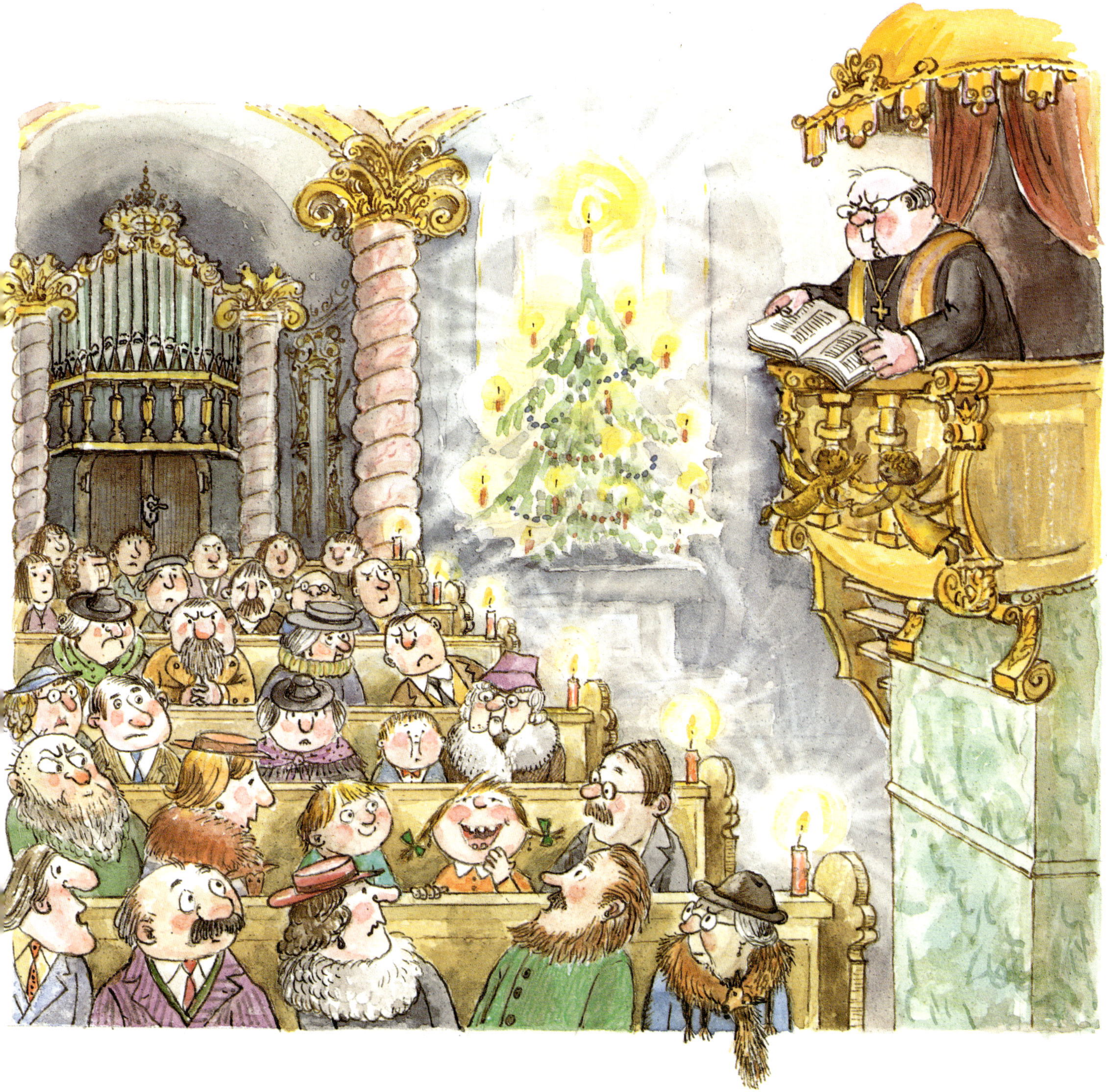

Heid auf d'Nacht

1. Heid auf d'Nacht, heid auf d'Nacht, leicht da Himme in Königspracht. Heid auf d'Nacht, heid auf Nacht, ham's a Biaberl uns bracht'. Liegt auf koidem Stroh, es friert eam so - Maria huilf deim Kind nimm-an fest in Arm, hoid's Biaberl warm - sei Weg is no so weit.

2. Heid auf d'Nacht,
heid auf d'Nacht,
leicht da Himme in Königspracht.
Heid auf d'Nacht,
ham's an Menschen uns bracht'.

Seine Kinderaug'n
red'n von am Traum,
vom Frieden auf der Welt.
Wo da Mensch no is,
so wia's sei soi,
neamd anders mehr was zählt.

3. Heid auf d'Nacht,
heid auf d'Nacht,
hod da Himme sei Türl aufg'macht.
Heid auf d'Nacht,
heid auf d'Nacht.
ham's an Hergott uns bracht.

Doch da Weg is weit
zur Seligkeit,
de ewig staade Ruah'.
Schenk uns oi dei Kraft,
damit ma's schafft,
gesegnet sei der Bua.

Musik: Hermann Weindorf
Text: Claus Dittmar

Luzia und Thomas

Am 13. Dezember feiert die katholische Kirche das Fest der heiligen Luzia, die auch als Lichterkönigin dargestellt wird. Hochverehrt wird Luzia vor allem in den skandinavischen Ländern, wo es fast überall am Luziatag Lichterprozessionen gibt. Ganz anders bei uns. Die heilige Luzia verbreitete in Bayern unter den Kindern meist Angst und Schrekken. "...im Garten oder im Stadel wetzt sie das Messer, daß es die Kinder hören. Bösen Kindern schneidet sie den Bauch auf und schoppt ihn mit Stroh oder Heu aus. Angethan ist sie wie eine Klosterfrau, ganz in braun oder schwarz. Der Kopf ist verhüllt mit einem schwarzen, darunter mit einem weißen Tuch, so daß nur die Augen herausschauen. Gewöhnlich wird ihr im Garten unter einem Baum ein Schüsserl hingelegt, in welches sie die Geschenke für die guten Kinder legt." Luzia verbreitete also nicht nur Angst und Schrecken, sondern den braven Kindern brachte sie einige kleine Geschenke. Warum Luzia gerade in Bayern zu einer solchen Schreckgestalt, speziell für die Kinder, wurde, vermochte ich nicht herauszufinden. Tatsache ist aber, daß man am Luziatag auch nicht Spinnen durfte. Im ostbayerischen Raum beginnen die zwölf Rauhnächte am 12. Dezember und enden am 24. In Oberbayern hingegen zählt man die zwölf Rauhnächte von der Nacht des 1. auf den 2. Weihnachtsfeiertag bis zur Nacht des Dreikönigstages.

Ein schöner Brauch zum Luziatag hat sich allerdings in Fürstenfeldbruck erhalten. Mit Sicherheit geht er auf ein heidnisches Flußopfer zurück und wurde später, wie so vieles andere auch, von der Kirche übernommen. Rechnungen des Kloster Fürstenfeld belegen jedenfalls, daß das Luzienhäusl-Schwimmen keine Erfindung der Neuzeit ist. In der Mitte des vorigen Jahrhunderts kam der alte Brauch mehr und mehr ab und erst in den fünfziger Jahren unseres Jahrhunderts wurde er wiederbelebt. Aus Holz und Pappmaché fertigen die Schüler der Fürstenfeldbrucker Schulen kleine Häusl, die auf ein Holzbrett gestellt werden. Am Abend des 13. Dezembers tragen die Kinder ihre Luzienhäusl dann in die Kirche, wo der Pfarrer sie segnet. Dann wird eine Kerze, die in der Mitte des Häusls steht, entzündet, indem man das Dach des Hauses abnimmt. Die Kinder setzen die Dächer wieder auf, die Lichter in der Kirche erlöschen und aus vielen hundert kleinen Häusln fällt nun der Kerzenschein in das Dunkel des Kirchenschiffes. Nach der Messe ziehen die Kinder mit ihren Häusln hinunter zur Amper, entzünden die verloschenen Lichter erneut und setzen die Häuser auf den Fluß, der die seltsame Flotte, mal schnell mal langsam mit sich nimmt und so noch immer sein Opfer bekommt.

*

Ein weiterer Tag, der bei uns mit viel Hexen und Teufeln in Zusammenhang gebracht wird, ist der 21. Dezember, der Tag des hl. Thomas, oder des "bluadigen Damerl", wie er in Bayern auch heißt. Und es hat sicherlich damit zu tun, daß sein Namensfest auf die längste Nacht und den kürzesten Tag des Jahres fällt. In der Thomasnacht ist man einst räuchern gegangen, d. h. man versuchte das Böse auszuräuchern, in dem man mit glühenden Pfannen, auf deren Glut man Kräuter gestreut hatte, durch die Räume seines Anwesens ging. Auch war die Thomasnacht stets eine Losnacht, in der man die Zukunft erfragen konnte. All diese Gründe zusammen mögen es wohl gewesen sein, daß die katholische Kirche sich dazu entschloß den Namenstag des Heiligen in den Juli zu verlegen. Aber man kann zwar auf dem Papier einen Namenstag ändern, Bräuche, die im Volk seit Urzeiten verhaftet sind, wird man deswegen noch lange nicht ausmerzen können.

Steirer Krippen-Danz

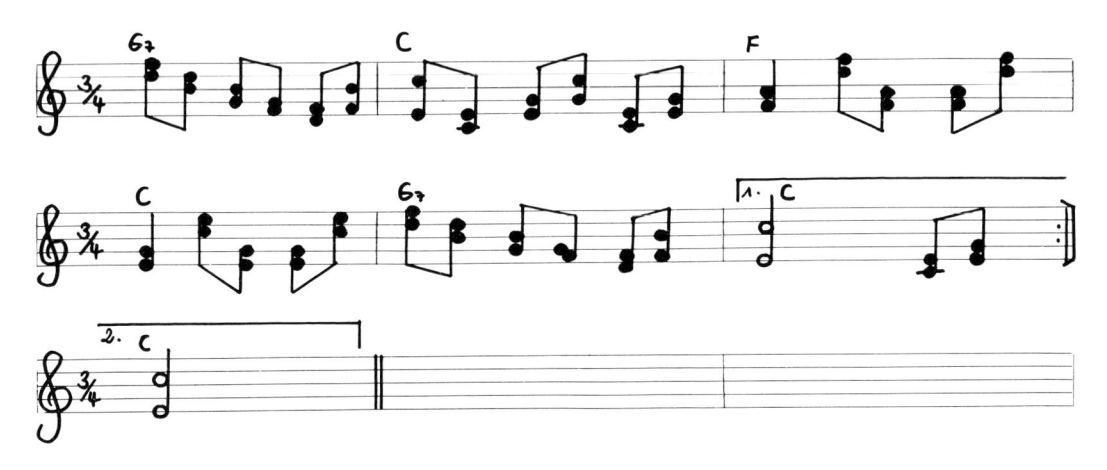

Musik: Georg Schwenk (Trad.)

* * *

D' Kerz'n

Wann da Dog net so recht woaß
sollt er geh oder bleim
und da Himme miad dreischaut
dann werd's boid wieder schneim

A oide verschrumpelte Kerzen
hod Tränen im wächsernen G'sicht
si mechat a letzmoi no leicht'n
no amoi, bevor der Glanz bricht

An Platz auf am gradg'wachsnen Fichterl
ganz ob'n drauf, den buid sa se ei
en Kinderaugen si spiegeln
A Steandalwerfer mecht's sei.

Dog = Tag
boid = bald
schneim = schneien
mechat = möchte
leicht'n = leuchten
buid sa se ei = bildet sie sich ein
Steandalwerfer = Wunderkerze,

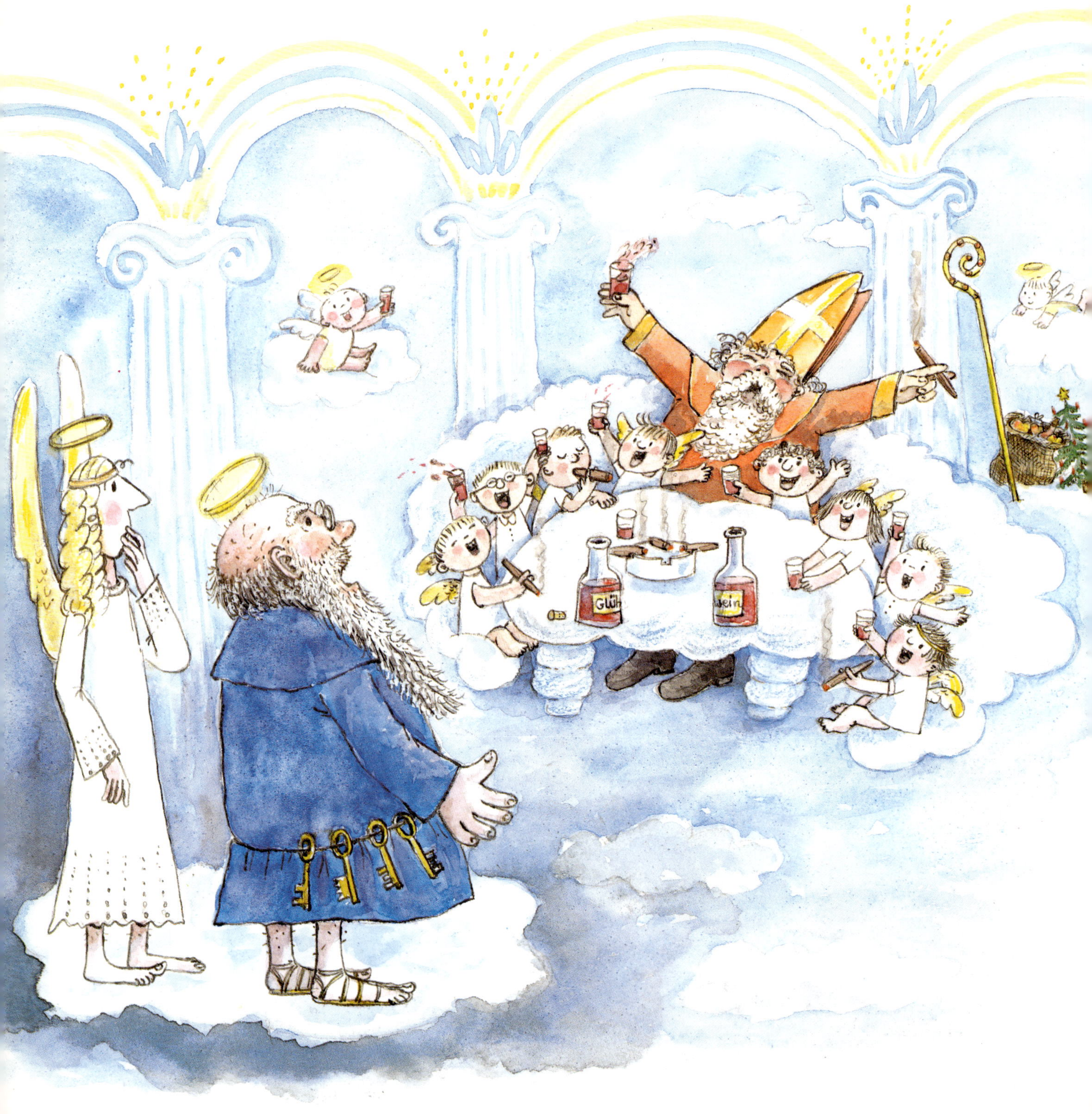
Glüh
wein

's Bengerl

Als der Erzengel Gabriel sich zu seiner Morgenwache fertig machen wollte, die Schranktür öffnete, um seine prächtigen Flügel hervorzuholen, stutzte er erst - und rannte dann wütend zum Petrus:
"Da schau moi, wia meine Flügel ausschaun! Des derf doch net wahr sei: überall Tupfen und Streifen, grüne, gelbe, rote ... Und da, da schau da den rechten Flügel o, der is ja ganz versengt! So konn i doch net zum Arbeiten geh'!" - "I woaß scho, wer des war", grummelte der Petrus - und rannte schnaubend den langen Weg zur Wäscherei hinunter.
"Bengerl! Bengerl! Jetzt pass auf! Bengerl", brüllte er und trat vor lauter Zorn fast die Tür zur Wäscherei ein.
"Was soi denn des, Bengerl? Hast jetzt du nur no lauter Blädsinn im Kopf? Du kannst doch unserm Herzeige-Engel seine Flügel net bunt o'moin?! Und da, da hast eam beim Bügeln a no die scheensten Federn verbrennt! So geht's doch net - oder?!"
"Ja mei... I hob hoid denkt... Allerweil des eintönige Weiß is ja langweilig. Grad jetzt - zur Weihnachtszeit - und da hob i mir denkt..."
"Denkt! Denkt! Wenn du scho moi denkst, kummt doch immer nur a Schmarrn raus! Stell da moi vor, wia des ausschaut:
Da Erzengel mit g'sprenkelte Flügel vor da Himmelspforte!
Na, na... Mia san doch da im Himmel - und net bei de Hippies!
Jetzt bringst schleunigst am Gabriel seine Flügel wieder in Ordnung und dann meld'st di in der Versandabteilung beim Nikolaus und huifst eam! Aber das ma net wieder Klagen kemma! Hast mi?"
"Na, na", dachte sich der Petrus, als er zu seinem Zimmer zurückging, "nix wia Ärger... Jetzt hamma sowieso scho so vui Arbeit vor Weihnachten, damit ois rechtzeitig fertig werd... Und der Deifi von Engel hod nur Blädsinn im Kopf... Nein, diese Jugend!"
Nach einem kleinen Mittagsnickerchen begab sich der Petrus auf einen

seiner Kontrollgänge, um nach dem rechten zu sehn'. Als er in die Nähe der Versandabteilung kam, hörte er seltsame Gesänge...
Koane himmlischen! Na, grad so, wias di Menschen auf'm Münchner Oktoberfest tun...
"As Bengerl!", schoß es ihm durch'n Kopf, "um Gotteswillen, as Bengerl!!"
Wutentbrannt stürzte er hinein und konnte vor lauter Rauch erst gar nix seh'n.
Da saßen doch alle Engerl friedlich vereint mitm Nikolaus am Tisch, rauchten dicke Zigarren, tranken Glühwein, schunkelten und sangen:
"Heute blau und morgen blau..."
"Aufhörn! Sofort aufhörn! Ja, spinnts ihr denn alle jetzt?!
Ja, wo gibt's den des - b'suffane Engel?! - Ihr soits den Glühwein eipacka und net saufa! Des, wenn da Herrgott mitkriagt, gibt's a saubers Donnerwetter!
Glaubst das, manchmoi wünsch i mir, daß i net da Petrus wär, dann kannt' i a'moi so richtig irdisch fluacha...."
Er ging um den großen Versandtisch, zog as Bengerl an die Ohren hoch und sagte:
"Mei o mei. Wia soi des nur mit dir enden?!
Jetz gehst ins Bett und gibst a Rua! I wui di heid nimma segn! Verstehst mi!!?.!"
Bedeppert und enttäuscht torkelte as Bengerl über die Milchstraße zu seinem Wolkenhaus, schmiß wütend seine Flügel in die Ecke und legte sich maulend ins Bett:
"Wart's nur erst, bis i a'moi groß bin - und i dann as Christkind bin!!"

soi = soll
o'moin = anmalen
huifst = hilfst
Deifi = Teufel
koane = keine
b'suffane = besoffene
soits = solltet

Christkindl- und Weihnachtsschießen

Bereits im Jahre 1666 wird im Berchtesgadener Land die auch heute noch ausgeübte Sitte des Weihnachtsschießens urkundlich erstmals erwähnt. In dem Dokument, welches zur Regierungszeit des Fürstenpropsten Maximilian Heinrich abgefaßt wurde, heißt es u. a., daß in keiner anderen Gegend dieser Brauch besteht oder geduldet wird und daß es "von nun an besonders in Berücksichtigung der Kranken und aller ehrlichen Leute.....bei empfindlicher Strafe abgeschafft und verboten sei."
Verbote waren von altersher dazu da, sie zu umgehen und so haben sich wohl auch die Berchtesgadener nicht allzu viel aus dem fürstpröpstlichen Verbot gemacht.

Es hat allerdings schon eine ganze Zeit gedauert, ehe aus der wilden Ballerei das geordnete Weihnachtsschießen von heute wurde. Erst ab 1834, nachdem es beim Schießen zu einem tödlichen Unfall gekommen war, ließ sich die zur Leidenschaft gewordene Ballerei der Berchtesgadener in geordnete Regeln zwängen. Aber bis es so weit war, dauerte es abermals eine Reihe von Jahren, in denen mehrere königliche Verordnungen erlassen wurden. Gegen diese meist viel zu strengen Erlässe legten die Gemeinden regelmäßig Widerspruch ein und so ging es eine ganze Reihe von Jahren hin und her, ohne daß sich etwas Nennenswertes änderte. Die Schützen schlossen sich im Laufe der kommenden Jahre zu Vereinen zusammen, der erste wird 1887 vom sogenannten "Fotzenschmied-Wastl" gegründet. Im Laufe der letzten Jahrzehnte sind es nunmehr 16 Vereine geworden, deren Vereinsaufgabe im Austragen des Christkindlan- und natürlich des Weihnachts- und Neujahranschießens liegt. Schießen darf heute jeder der 18 Jahre alt und Vereinsmitglied ist. Bis zu 25 Zentner Pulver werden so jedes Jahr zu Weihnachten und Neujahr in die stillen Winternächte gejagt.

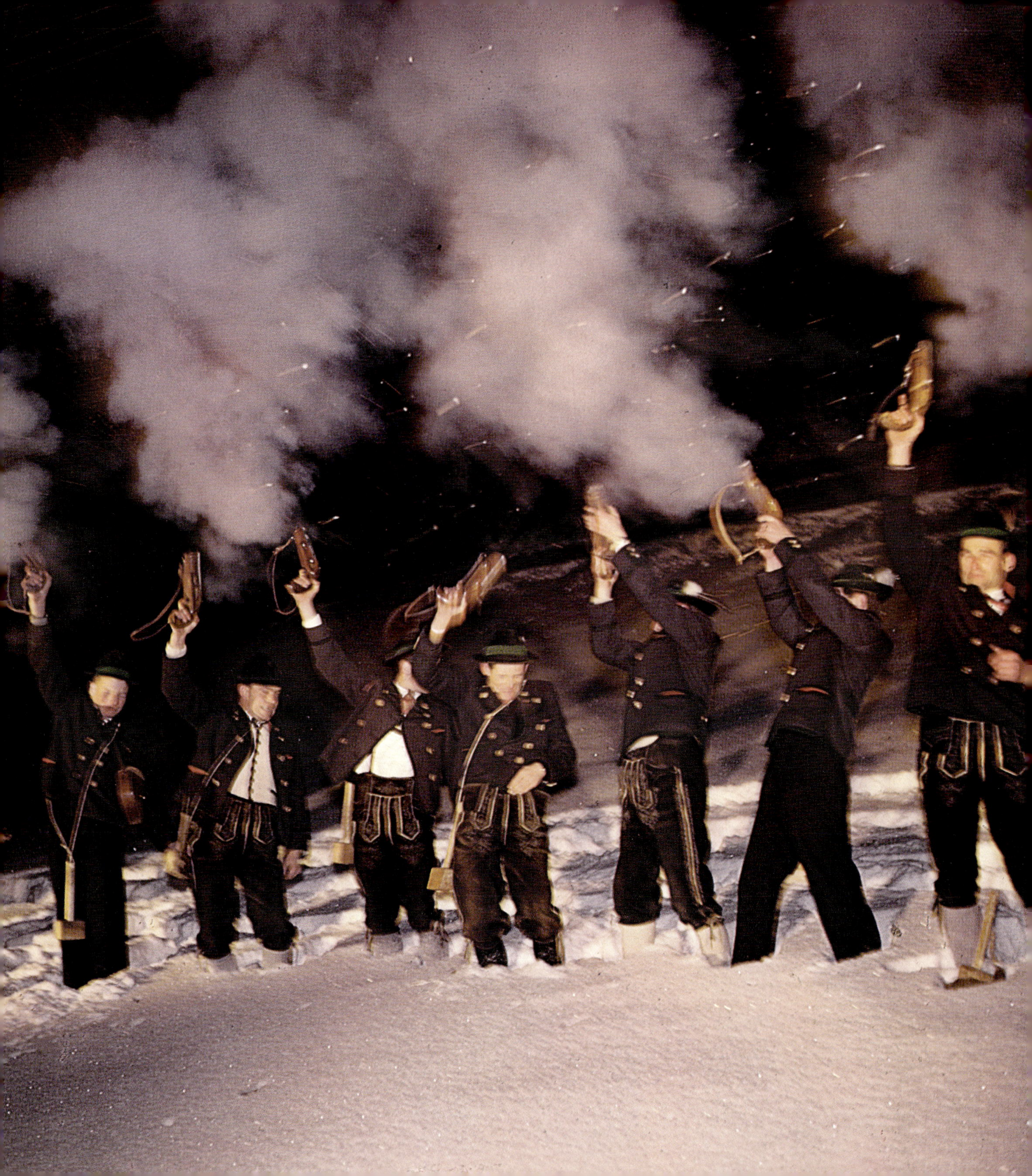

Eine Woche vor Weihnachten, am 17. Dezember wird in Berchtesgaden das Christkindl nicht nur "eingeläutet", sondern in einigen Gemeinden auch "eingeschossen". Und am Nachmittag des 24. Dezembers kann man dann neben dem Geläut der Kirchenglocken auch das dumpfe Donnern des Christkindlanschießens über dem Berchtesgadener Land vernehmen. Es ist dies ein lautstarker Salut für das Christkind, welcher seinen Höhepunkt beim eigentlichen Weihnachtsschießen erreicht. Es beginnt mit einzeln abgegebenen Schüssen und endet, gut eine Stunde später in einem "Fortissimo" aller Schützen kurz vor Beginn der Christmette zu Mitternacht.

Natürlich wird auch das Weihnachtsschießen auf einen heidnischen Brauch zurückgeführt. Durch überstarke Lärmerzeugung wollte man die schlafende Natur zu neuem Leben erwecken. Und da die Buttmandl den Berchtesgadenern dazu nicht genug erschienen, schossen sie halt auch noch, was das Zeug hielt. Bekanntlich gab es in vorchristlicher Zeit natürlich noch kein Gewehr und Pulver weshalb man sich der Viehketten, Peitschen, Glocken und allerlei anderer lärmerzeugender Instrumente bediente. Aber bereits im 14. Jahrhundert griff man zur Pistole, welche die Bauern meist zur Landesverteidigung zu Hause hatten.

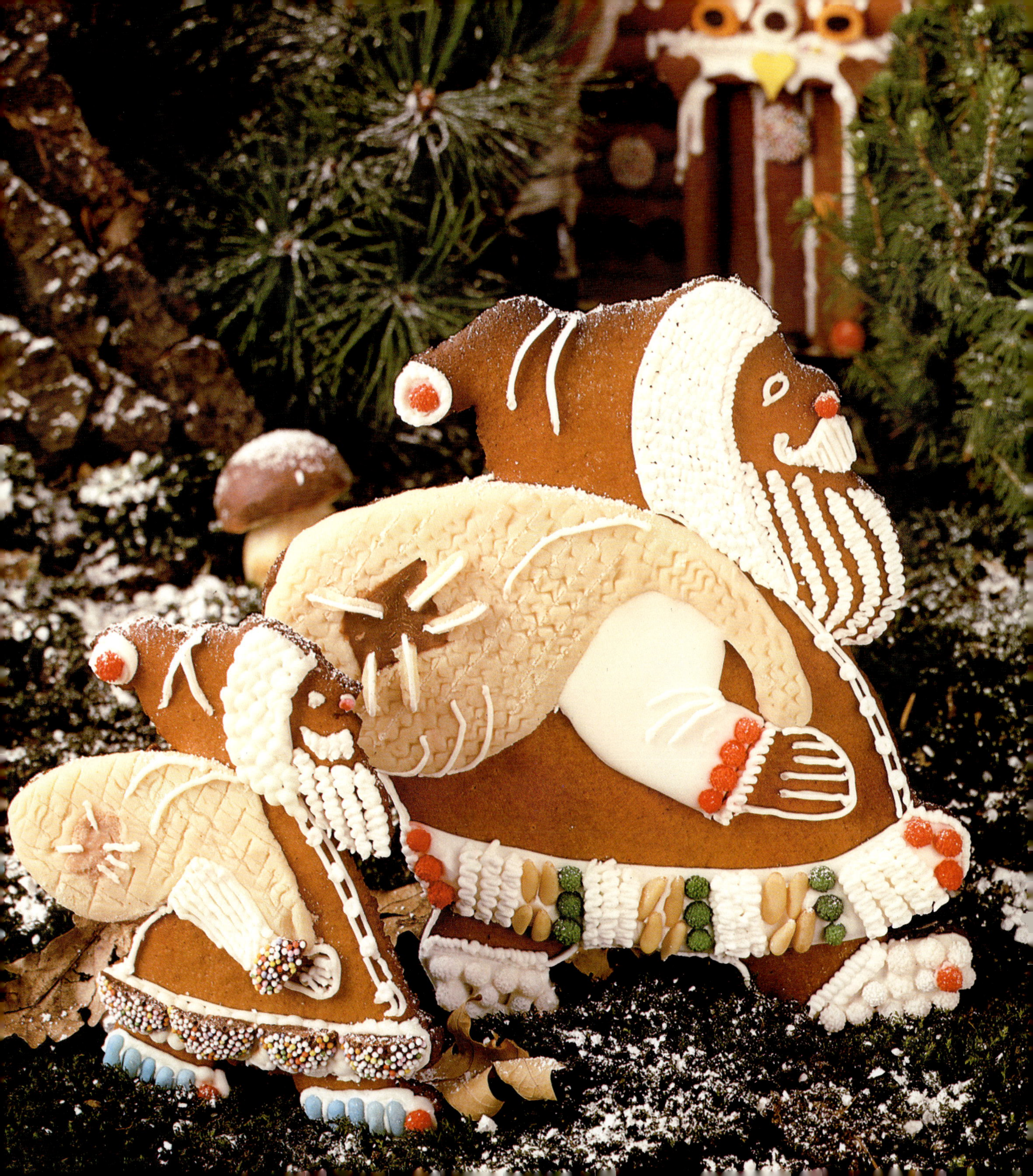

Weihnachtsmann aus Lebkuchen

Sanella, Honig, Zucker, Pfefferkuchengewürz und Kakao in einem Topf unter Rühren erhitzen, bis der Zucker gelöst ist. Abkühlen lassen. Mehl, Backpulver und Salz in einer Schüssel vermengen. Eier verschlagen, mit der Honigmasse verrühren, dazugeben und alles zu einem glatten Teig verkneten. Zugedeckt im Kühlschrank mindestens 1 Stunde ruhen lassen. Den Teig etwa 1/2 cm dick ausrollen, auf ein mit Sanella gefettetes Backblech legen und nochmals glattrollen. Weihnachtsmänner und Häuschen nach Schablone mit einem Messer ausschneiden. Im vorgeheizten Ofen backen. Das Gebäck noch heiß vom Blech lösen und abkühlen lassen.

Eiweiß zu steifem Schnee schlagen und so viel Puderzucker unterrühren, bis die Masse spritzbar ist. Die Weihnachtsmänner und das Häuschen mit Guß auf Pappschablonen kleben und trocknen lassen. Aus festem Pergamentpapier kleine Spritztüten kleben. Den Guß in kleinen Mengen hineingeben, die Spitze nach Bedarf abschneiden (je mehr man abschneidet, desto dicker kommt die Spritzmasse heraus). Dann die Weihnachtsmänner mit dem Guß bespritzen und mit Bonbons, Mandeln verzieren. Das Häuschen zusammenkleben und ebenfalls bunt bekleben.

Ergibt etwa 3 große und 3 kleine Weihnachtsmänner, 1 Häuschen.

E-Herd: 200 - 225°   G-Herd: 3 -4

Backzeit: etwa 10 Minuten

Hinweis: Sollten die Figuren zu stark verformt sein, kann man sie noch heiß mit Messer und Schablone nachschneiden.

200 g Sanella und Sanella für das Blech
1 Glas Bienenhonig (500g)
250 g Zucker
1 P. Pfefferkuchengewürz
15g Kakao
1 kg Mehl
1/2 P. Backpulver
1 Prise Salz
2 Eier
3 Eiweiß
etwa 550 g Puderzucker
Bonbons, Mandeln u.ä. zum Verzieren

2cm

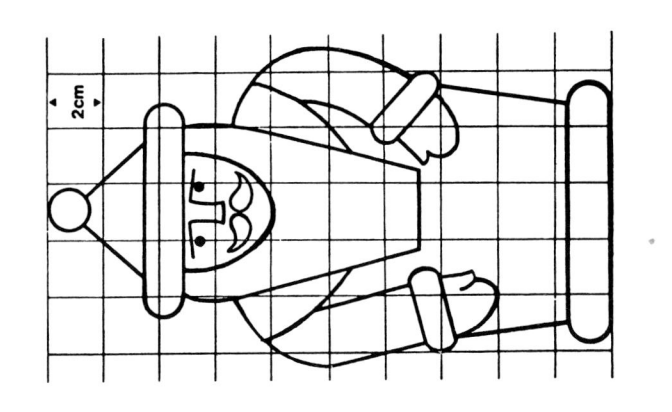

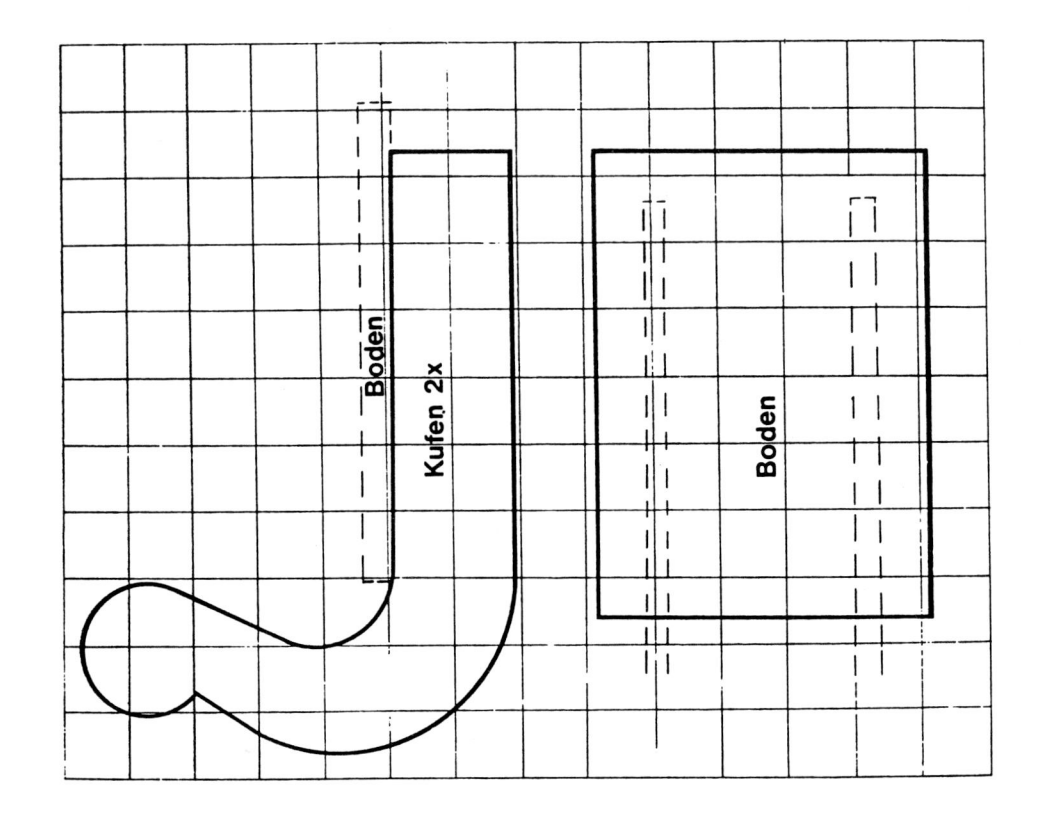

Boden
Kufen 2x
Boden

Namenstage im Dezember

1. Eligius
2. Bibiana, Aurelia
3. Quatember, Franz Xaver, Kassian
4. Barbara
5. Gerald, Hartwig
6. Nikolaus
7. Ambrosius, Agatha
8. Mariä Empfängnis
9. Valerie, Petrus Fourier
10. Eulalia, Judith
11. Waldemar, Damasus, Tassilo
12. Vicelin, Johanna Franziska v. Chantal
13. Luzia, Jodokus
14. Johannes v. Kreuz
15. Christiane
16. Adelheid
17. Lazarus
18. Mariä Erwartung, Wunibald
19. Thea, Urban, Abraham
20. Eugen
21. Dominik, Thomas
22. Winteranfang, Florian, Demetrius
23. Viktoria
24. Hl. Abend, Adam u. Eva
25. Christfest
26. 2. Weihnachtsfeiertag, Stephanus
27. Johannes Ev., Fest der Hl. Familie
28. Unschuldige Kinder
29. Thomas Becket, Jonathan
30. David, Margarete
31. Silvester, Altjahresabend

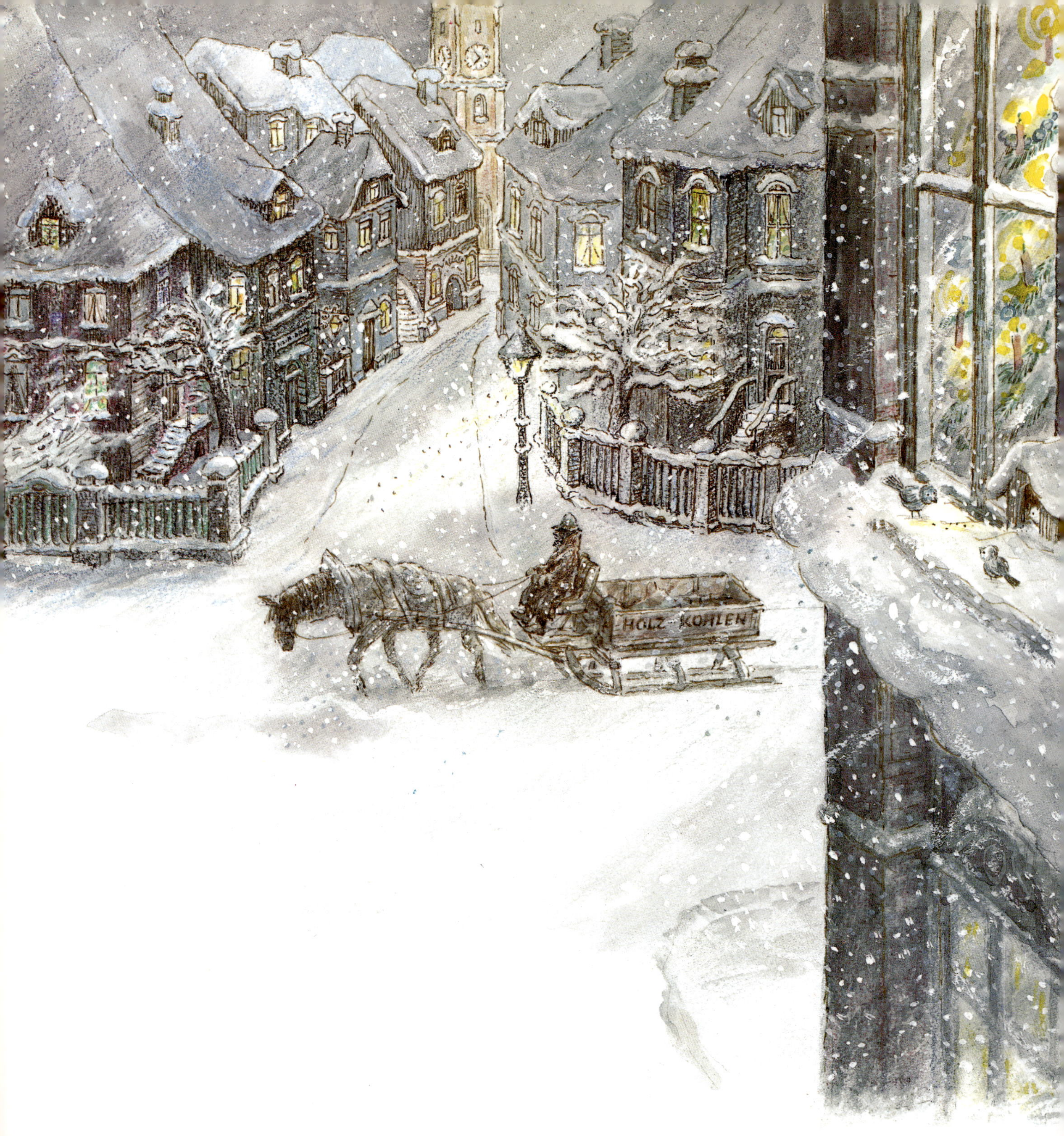
HOLZ KOHLEN

Der Koinfahrer Sepp

As Leben hat ihm gar nix g'schenkt.
Im Gegenteil! Des bisserl, was er g'habt hod, hams eam a no g'nomma. Sei Frau war scho lang tot und sei Sohn is irgendwann nimma hoamkumma. Freind hat er a koane g'habt, weil er als Sonderling verschrien. War und überhaupt, wer wollt scho was zu tun ham mit am Halbkrüppel - obwohl ihn jeder braucht hat.
Bei uns Kinder hat er Koinfahrer Sepp g'heißn.
Na ja, ganz einfach, weil er halt Kohl'n ausg'fahren hat.
Briketts hat er g'habt, Eierkoin und Steinkoin.
Ja, halt! Bündelholz hat er ano g'habt.
Des war damals was ganz Pfundiges, des hat sich net jeder leisten kenna. Schließlich hat jeder a Axt im Haus g'habt, und an Hackstock und Holz hat's zur Genüge gem.
Aber es war natürlich a feine Sach, wenn ma sich d'Händ net dreckig g'macht hat.
"Biiindelhoiz, Biiiiiindelhoiz!", hat er allwei plärrt. "Scheenes, trocknes Biiiindelhoiz!"
Da ham mir Kinder g'wußt, da Sepp is wieder da. Grad g'rennt sama, denn wenn der Sepp kumma is, hat's immer was zum Schaun gem.
Alloa scho des oide Pferdlfuhrwerk, des er g'habt hod, war hoid des höchste für uns.
Kaum war der Sepp mit am Koinsack im Keller verschwunden, san mir nauf auf des Fuhrwerk und scho is mit Eierkoin g'schmissn worn. Die san bsonders guat g'flogn, weils so richtig in da Hand g'legn san. Und nauf aufn Kutschbock, an der Handbrems rumg'spuit, tobt, plärrt und g'schrien wia die Jochgeier!
Schließlich san mir ja von tausende von Indianern verfolgt worn:
"Hüah, hüah, laufts schneller, laufts schneller, los, los, Schiaß!

Doch, du muaßt vui mehr schießn, sonst dawischens uns!
Aua Hilfe, i bin troffn!"

D' Peitschn is durch d'Luft g'faucht, mit "Zing" und "Peng" und deftigem Schnalzen.

"Ja geht's es da runter, es Rotzleffen, es Saubangadn, es dreckigen, sonst ziag i eich alle an die Ohrwaschl oba!
Mei arme Lisl so zum Daschrecka!
Eich huif i na glei, Saubuam, elendige, gehts runter do!"

D' Lisl war sei Gaul. Des Pferdl und er; überhaupt die Zwoa, ham so richtig z'sammpaßt.

D'Lisl hat a scho bessere Tag g'seng g'habt, so wias war, mit iam matten, zottigen Fell. G'lahmt hod's scho a bisserl und blind war's a fast. Aber des had nix g'macht: Die Zwoa ham se eh blind verstanden.

Im Winter, wenn vui Schnee g'leng is, hod da Sepp seine Koin mitm großen Schlitten ausg'fahrn und d'Lisl war natürlich a dabei.

Liebevoll hat ers mit na oidn Amideckn zuadeckt g'habt, und während er obgladn hat, hod er ihr an Sack mit Hafer zum Fressen ums Maul rumg'hängt.

Am Heiligen Abend hat da Sepp immer am meisten von alle zum doa g'habt. Weil jeder wollt ja, daß d'Stubn zum Christfest schee mollig warm is.

Während alle anderen mit Packl, Taschn und iam ganzen Weihnachtszeigl rumgrennt san, hod da Sepp g'liefert und g'liefert, bis dunkel worn is.

Und wira den letzten Zentner Stoakoin ausg'liefert g'habt hod, is er mit seiner Lisl hoamg'fahrn, quer durchs Dorf.

In die Fenster ham d'Kerzen brennt und die bunt g'schmückten Tannabaum ham aus die warma Stubn rausg'lacht.

Do hod er a g'lacht, da Sepp, da war er glücklich; da war er stolz! Des war sei Weihnachten!

"Feierts nua sche in eire g'heizten Stubn", hat er laut vor si hig'sagt.
"Feierts nur schee mit meine Koin, mit meim Bindelhoiz und mit m e i n e Brikett!"

as = das
nix = nichts
a no = auch noch
nimma hoamkumma = nicht mehr nach Hause gekommen
hoid = halt
Koin = Kohlen
Rotzleffen = Rotzlöffeln
Saubangadn = wörtl. Saubankert, d.h. unartige Kinder

Warmer Bischof

Die unbehandelten Orangenschalen hobelt man in feinen Streifen ab und gibt sie zum Wein, deckt ihn zu und läßt ihn gut 8 Tage kühl stehen. Zucker mit Wasser aufkochen, Orangensaft beigeben, auskühlen lassen und den Wein zufügen. Die Schalen abseihen und das Getränk in eine Flasche füllen. Bei Bedarf je ein Schnapsgläschen davon in den Tee oder Glühwein geben.

3/4 l Rotwein
Schale von 1 1/2 Orangen
(eine etwas herber, die andere süßer)
500 g Zucker
Wasser (ca. 100 ccm)
Saft einer Orange

* * *

Krambambuli

Den Wein in eine Schüssel gießen (keine Glasschüssel) und darüber einen passenden Eisenrost legen. Auf ihn werden nun große Zuckerstücke gelegt, mit Arrak oder Rum getränkt und angezündet. Der schmelzende Zucker läuft bzw. tropft in den Wein. Wenn der ganze Zucker geschmolzen ist, wird das Getränk nochmals gut durchgerührt und in Gläser geschenkt. Mit heißem Wasser kann es verdünnt werden.

1 7/10 l Flasche Weiß - oder Rotwein
1/8 l Arrak oder Rum
1/2 kg Hutzucker
heißes Wasser

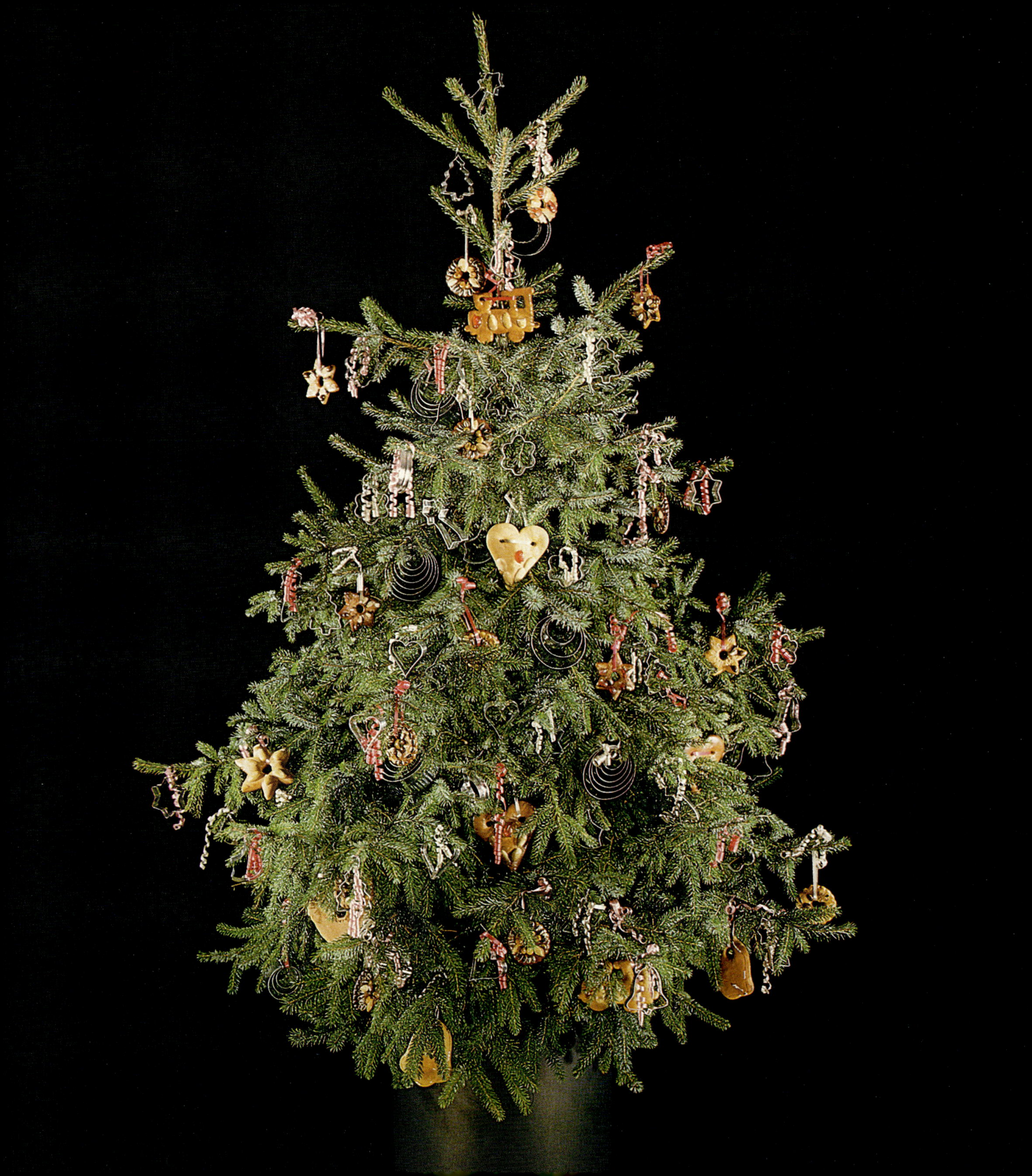

Der Christbaum

Wer über die Geschichte des Christbaumes berichten möchte, landet unweigerlich bei Liselotte von der Pfalz, die in einem ihrer berühmt gewordenen Briefe folgendes schrieb:"....ich weiß nicht, ob ihr ein anderes Spiel habt, das jetzt in ganz Deutschland üblich ist, man nennt es 'Christkindel'....Da richtet man Tische wie Altäre her und stattet sie für jedes Kind mit allerlei Dingen aus wie: neue Kleider, Silberzeug, Puppen, Zuckerwerk und alles mögliche. Auf diese Tische stellt man Buchsbäume und befestigt an jedem Zweig ein Kerzchen, das sieht allerliebst aus und ich möchte es noch heutzutage gerne sehen. Ich erinnere mich, wie man mir in Hannover das Christkindel zum letztenmal kommen ließ...." Diese Erinnerung der pfälzischen Wittelsbacherin, die mit dem Bruder des französischen Königs verheiratet war, bezieht sich auf das Jahr 1662. Niedergeschrieben hat sie Liselotte von der Pfalz freilich erst gut vierzig Jahre später, nämlich 1708. Dreißig Jahre später wird von einem lichtergeschmückten Baum in Sachsen berichtet. Der Berichterstatter war ein Dozent der Rechte und hieß Gottfried Kißling. Er notierte: "....am heiligen Abend stellt die Hausfrau in ihren Gemächern so viele Bäumchen auf, wie sie Personen beschenken wollte. Aus deren Höhe, Schmuck und Reihenfolge konnte jeder sofort erkennen, welcher Baum für es bestimmt war. Sobald die Geschenke verteilt und darunter ausgelegt und die Lichter auf den Bäumen und neben ihnen angezündet waren, traten Sie Ihren der Reihe nach in das Zimmer, betrachteten die Bescherung und ergriffen jedes von dem für es bestimmten Baum und den darunter bescherten Sachen Besitz. Zuletzt kamen auch die Knechte und Mägde in bester Ordnung herein, bekamen jedes seine Geschenke und nahmen dieselben an sich...."

Wie der Adventkranz auch, so war der Christbaum mit Sicherheit eine "Erfindung" der protestantischen Familien. Wer vom Christbaum erzählt, wird neben Liselotte von der Pfalz stets auch Martin Luther nicht zu erwähnen vergessen. Auf einem um 1640 entstandenen Bild wird der Kirchenreformer im Kreise seiner Familie am Weihnachtsabend gezeigt und hier ist der mit Kerzen bestückte Tannenbaum mit den darunter liegenden Geschenken abgebildet. Paul Ernst Rattelmüller schreibt darüber in seinem Buch "Bayerisches Brauchtum im Jahreslauf": "So wird in evangelischen Gemeinden Martin Luther zum Vater des Christbaumes, obwohl er mit einiger Sicherheit nie einen Christbaum gesehen hat!"

Erst im 19. Jahrhundert findet sich eine Abbildung, welche beweist, daß der Christbaum mittlerweile auch bis München vorgedrungen war. Mit Sicherheit ist anzunehmen, daß der Christbaum zuerst bei Hofe, beim Adel und Bürgertum aufgestellt wurde. Auf dem Lande, beim einfachen Volk, war der Christbaum selbst in der Mitte des 19. Jahrhunderts noch gänzlich unbekannt. Erst zu Beginn des 20. Jahrhunderts setzte sich der Brauch am heiligen Abend einen lichtergeschmückten Tannenbaum im Haus aufzustellen, in Bayern durch. Und es sollte noch bis nach dem Ersten Weltkrieg dauern, bis der Christbaum wirklich jeden noch so kleinen Winkel unseres Bayernlandes erreicht hatte.

Heute ist er von Weihnachten nicht mehr wegzudenken und bereits mit Beginn der Adventszeit prangt er lichtergeschmückt auf öffentlichen Plätzen. Manchmal allerdings ein bißerl arg früh, wie mir scheint und auch der Kult, den so manche Gemeinde um ihren Christbaum treibt, hat mit der besinnlichen Weihnachtszeit nur noch wenig zu tun. Muß man denn wirklich immer den größten, schönsten und was weiß ich noch alles haben? Täte es nicht ab und an ein bißchen kleiner, bescheidener auch genügen? Nachdenken könnte man ja darüber vielleicht einmal.....

Aber wo kommt er nun wirklich her, der Christbaum? Ganz einfach, man weiß es nicht. So genau jedenfalls nicht. Gehen die einen zurück bis zu den heidnischen Göttern und sehen im Julbaum den Vorläufer unseres Christbaumes, so begnügen sich die anderen mit den Römern. Ob er wirklich aus dem Elsaß kommt, wie vielfach in der Christbaumforschung behauptet wird, bleibt im Dunkel der Vergangenheit. In einer Reisebeschreibung des Jahres 1605 wird von Tannenbäumen berichtet, welche die Bürger von Straßburg zu Weihnachten aufstellten, "...daran henket man Rosen aus vielfarbigem Papier geschnitten, Äpfel, Oblaten, Zischgold, Zucker und so fort; man pflegt darum einen viereckent Rahmen zu machen...."

Sei es wie es sei. Heute wäre Weihnachten nicht Weihnachten, gäbe es den Christbaum nicht. Und erst wer einmal in leuchtende Kinderaugen geblickt hat, just in jenem Moment, als sie den geschmückten und im Schimmer der Kerzen leuchtenden Baum am Weihnachtsabend erblikken, der wird wissen, daß der Christbaum, egal wo immer seine Wiege einst stand, zu den schönsten Bräuchen der Weihnachtszeit zählt. Ob groß oder klein, ob prunkvoll oder bescheiden geschmückt, in seinem Licht kehrt wenigstens für ganz kurze Zeit der Friede auf Erden ein....

> Dag är eder född Frälsaren som är
> Christus Herren i Davidz Stad. Luc. 2.

Am Toni sei Briaf

Lieber Herr Herrgott!

Ich heiße Toni, und ich bin acht Jahre alt.
Der Religionsunterricht gefällt mir sehr gut, weil man da immer so schöne Geschichten von Dir und Deiner Familie hört.
Im letzten Zeugnis habe ich einen Zweier, und der Herr Lehrer hat mir auch ein Fleißbild geschenkt.
Verstanden habe ich trotzdem nicht alles, weil gerade in der Weihnachtszeit Deine Familie so viel unterwegs ist.
Darum schreibe ich Dir, weil ich will, daß mein Wunschzettel unbedingt auch ankommt.
Tu mir bitte den Gefallen und sag Deiner Frau, der Maria, wenn sie das nächste Mal ihren Sohn, den Herrn Jesus, trifft, soll der doch dem Christkind sagen, daß ich brav war und
mir ein Fahrrad mit Dreigangschaltung wünsche!

Dein Toni

Ente mit Maronenfüllung

1 Ente (etwa 1800 g)
Salz, Pfeffer, Majoran
375g Kalbsbrät
250g geschälte, gedünstete
Maronen
1 Semmel
1 Eigelb
1 Eßlöffel gehackte Petersilie
1 Eßlöffel Speisestärke

Die vorbereitete Ente von innen mit Pfeffer, Salz und etwas Majoran einreiben. Für die Füllung Kalbsbrät mit den grobgehackten Maronen (einige Maronen zum Garnieren zurücklegen), der in Wasser eingeweichten und wieder fest ausgedrückten Semmel und der Petersilie vermischen, abschmecken und die Ente damit füllen. Ente mit der Brust nach unten auf den Bratrost legen. Fettpfanne mit Wasser ausspülen, daruntersetzen und in den vorgeheizten Backofen schieben. Bei mittlerer Hitze etwa 1 1/4 - 1 1/2 Stunden braten. Nach etwa 30 Minuten die Ente umdrehen. Während des Bratens die Ente des öfteren mit dem Bratfond begießen. Ente herausnehmen und auf einer Platte warmstellen. Mit den restlichen Maronen garnieren. Bratfond von dem Fett befreien. Bratensatz mit Wasser zu 3/8 Liter Flüssigkeit aufgießen. Mit in wenig Wasser angerührter Speisestärke leicht binden und abschmekken. Soße zur Ente servieren.

Dazu serviert man Kartoffelknödel, die man entweder selbst herstellen kann oder - wenn's schnell und unkompliziert gehen
soll - aus einer Packung Pfanni rohe Klöße zaubert. Packungsangabe beachten. Selbstverständlich gehört zur Weihnachtsente auch das Blaukraut und für dieses hat ja jede Hausfrau ihr eigenes Geheimrezept.

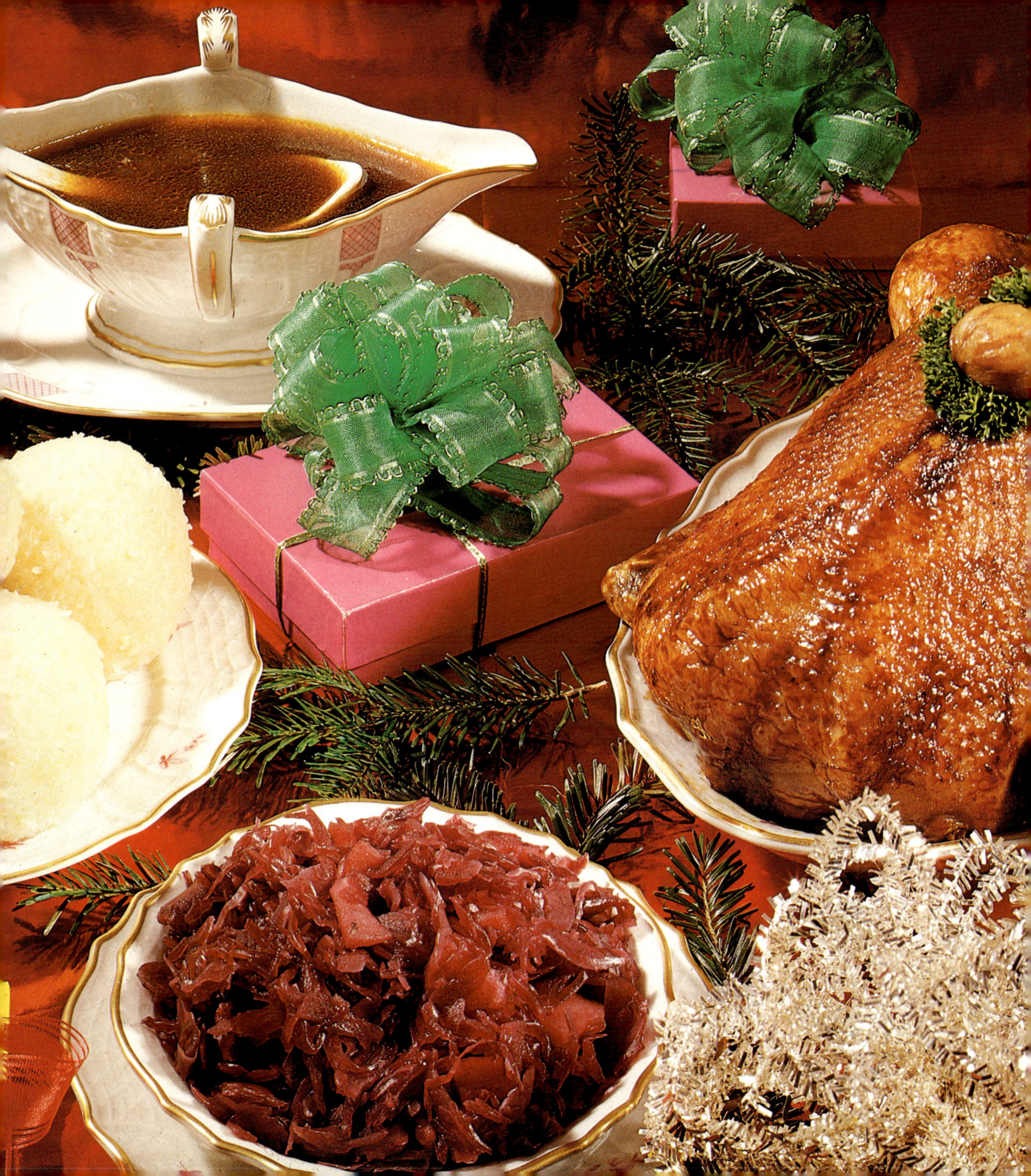

Der Heilige Nachmittag

A Hundeleben hat's ja net grad g'habt - am Einödbauern sei Katz. Aber auf so am oiden Bauernhof mit seine vielen Ecken, Winkel, Stallungen und Heuböd'n hat's für a richtige Katz scho vui Arbeit gem! Da wennst net aufpasst hättst, warn d'Mäus immer mehr und frecher worn!

Ruhiger und g'miatlicher is da scho zur Winterszeit zuaganga...In da Bauernstub'n is da große Kachelofen o'zündt worn. Oh mei! Des hat de Mucki gern g'habt! Draußen bitterkalt, a eisiger Wind hat ums Haus pfiffen - doch drin war's sche mollig warm und heimelig!

Da is gern auf der Fensterbank auf am oiden Kissen g'leng und hod zuag'schaut, wia die weißen, dicken Flocken vom Himmel runterdanzt san! Des war schee!

Dann is da Heilige Nachmittag kemma.

Ja, Sie ham scho richtig g'hört! Für die Mucki hod's koan Heiligen Abend gem - der hod ihr gar net so guat g'falln, weil's da immer so was komisches zum Essen gem hod bei die Menschen:

Knödel, Kesselfleisch, Schweinswürstl und vui Sauerkraut!

Igittigitt! A Sauerkraut! Ja pfuuideifi! A Katz und a Sauerkraut - na, do schleichst di fei!

Da war da Heilige Nachmittag scho was anders!

In der Küch war Hochbetrieb; da is no backt und g'werkelt worn, damit die letzten Christstoll'n und sonstige Leckereien no fertig worn san. Da san tausend herrliche Düfte durchs Haus zog'n...

Wia da Bauer dann mit der ganzen Familie nach Einbruch der Dämmerung mitm Pferdeschlitten in d'Kirch g'fahrn is - da is de Mucki ihr Bescherung kumma!!

Wos hoaßt Bescherung? Zum Stehl'n is hoid ganga!

Mei, war des schee! So alloa auf dem großen Bauerntisch lieg'n und nix wia fressen und fressen...

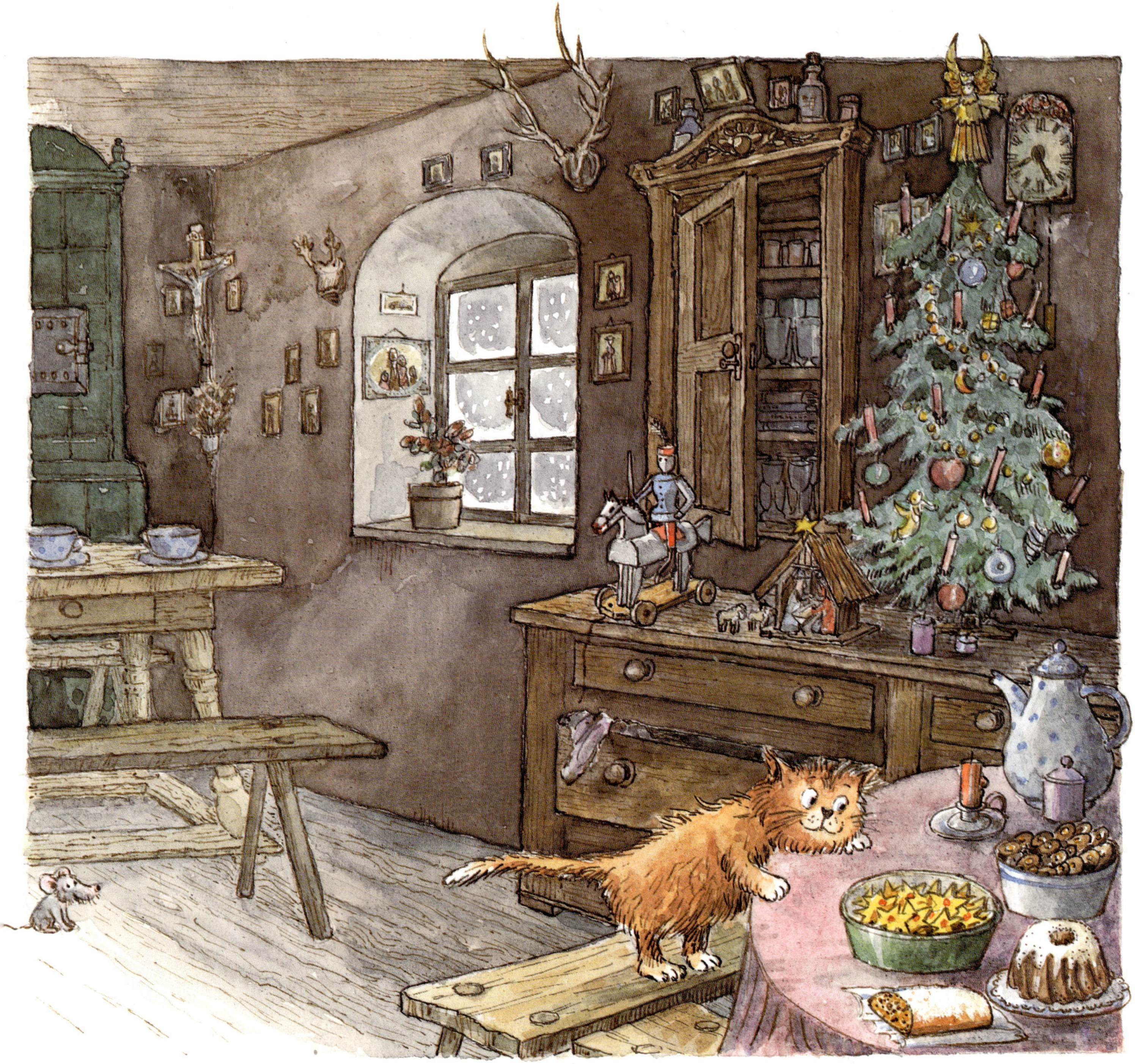

Da a Zimtsterndal, da Makronen mit Nüß oder vielleicht no a Butterplatzl mit Schokoladenguß?
Hm! Die Anissdtern san a net schlecht...!
Ja'? Was is denn des? Ja, was sieg i denn da?!
Da im Speisewärmer vom Kachelofen - mein Gott: Brataäpfel!
Vui war ja nimmer da, aber so a zerlaufener Kandiszucker is ja a wos Feins!
Und do - des derf doch net wahr sein?! Dampfnudeln mit Vanillesoß! Des war für d'Mucki schener wia jeder Traum, des war sei geliebter Heiliger Nachmittag! Und sie hat die ganze Schüssel mit dera köstlichen Vanillesoß ausg'schlabbert! Ah, war des guat!!
Es is ihr scho ganz sche schwerg'fall'n, wia sie an Kachelofen bis ganz oben nauf klettert is... Ganz hinten im letzten Winkel hod sie sich hing'legt, hat ihr vollg'fressene Wampen an die bacherlwarmen Kacheln g'halten und erschöpft - aber zufrieden - zum Schnurr'n og'fangt...
Ganz von Ferne hot's no mitkriagt, wia d' Kirchenglocken ihr Halleluja in d'Nacht nausg'schleudert ham - und dann is satt und seelig eig'schlaffa...

Vui = viel
gem = gegeben
Meis = Mäuse
worn = geworden
danzt = getanzt
schee = schön
hoaßt = heißt

Papa, i mecht gern in Himme neischau'n

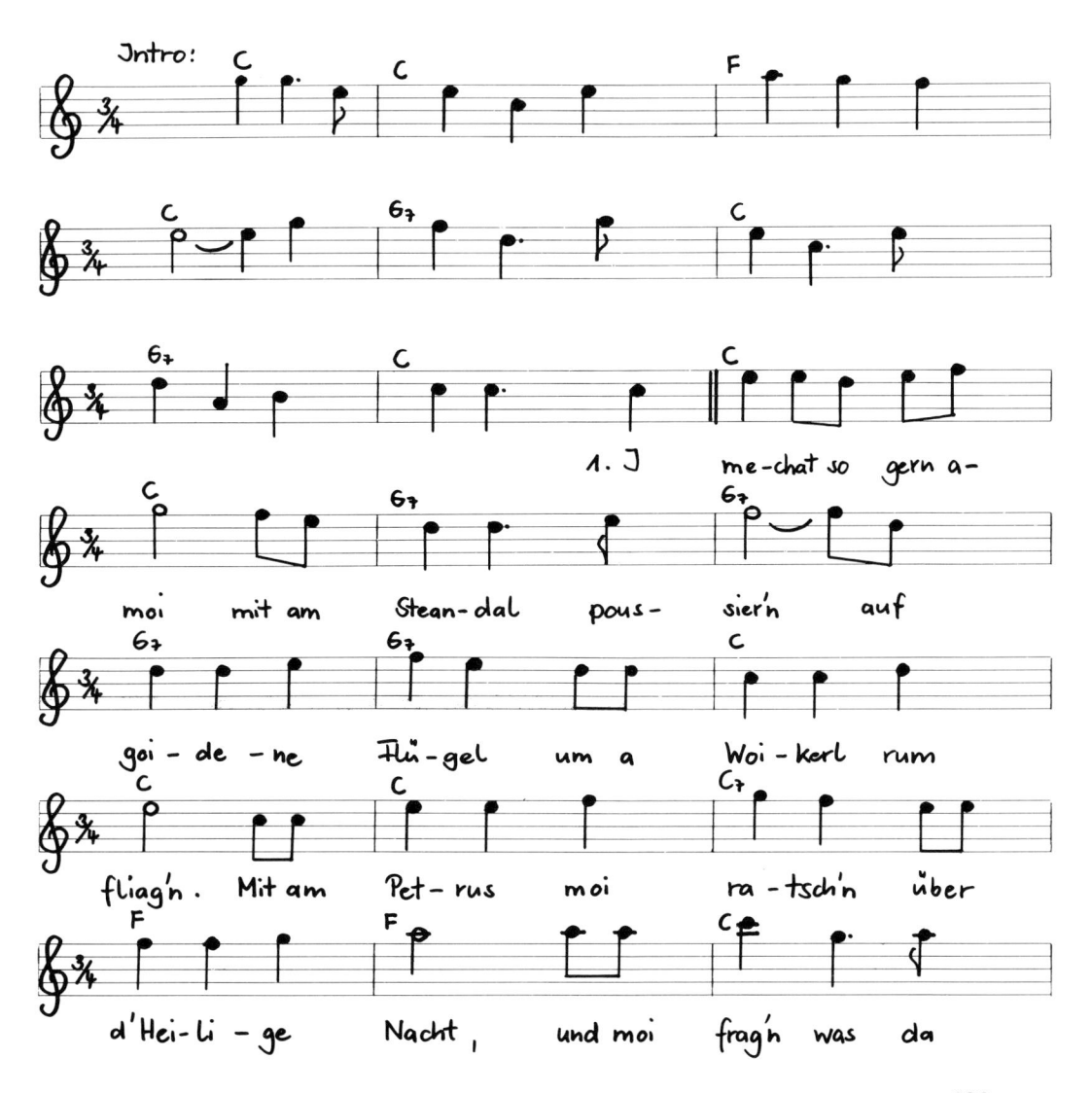

1. I mechat so gern amoi mit am Steandal poussier'n auf goi-de-ne Flü-gel um a Woi-kerl rum fliag'n. Mit am Pet-rus moi ra-tsch'n über d'Hei-li-ge Nacht, und moi frag'n was da

Je-sus im Sommer so macht.

Refr.: Pa-pa, i mecht gern in Himme nei-schau'n, i dat so gern meng und i dat mi a trau'n, i mecht so gern segn', was de da drom da so dreim; wenn's ma g'foid, kannt i a glei im Himme drom-bleim. Zwischenspiel ....

Musik: Hermann Weindorf   Text: Claus Dittmar

2. I mechat so gern amoi
a Schneeflock'n sei,
a Flockerl, des war's
doch, des buid i mir ei.
I dat tanzen und tanzen
zu de Walzer vom Strauß,
der Frau Holle, der gangad'n
d' Bettfedern aus.

Refr.: *Papa, i mecht gern in Himme neischau'n,*
i dat so gern meng und i dat mi a trau'n.
I mecht so gern seg'n,
was de da drom da so dreim;
wenn's ma g'foid, kannt i a glei
im Himme drombleim.

3. I mechat so gern amoi
mit'm Christkindl red'n,
was woaß von der Erd'n
und wia mia dort'n leb'n.
Ob's uns mog, wia ma san
in der Zeit über's Jahr,
oder sei soin wia's selbst
moi in Bethlehem war.

Refr.: *Papa, i mecht gern in Himme neischau'n,*
i dat so gern meng und i dat mi a trau'n.
I mecht so gern seg'n,
was de da drom da so dreim;
wenn's ma gfoid, kennt i a glei
im Himme drombleim.

Mohr im Hemd

80 g Butter
100 g Zucker (Puderzucker)
4 Eier
100 g Kuvertüre (oder Halbbitterschokolade)
100 g gemahlene Mandeln
3 - 4 EL Paniermehl
1 Prise Salz
1 Becher süße Sahne (200 ml)
1 - 2 EL Zucker

Eine Puddingform mit Deckel ausfetten und mit Paniermehl ausstreuen.

Butter und Zucker mit dem Handrührgerät schaumig schlagen. Nach und nach die Eigelb unterrühren. Die Kuvertüre in einer Kasserolle schmelzen und löffelweise mit den Mandeln und Paniermehl in die Schaummasse rühren.

Eiweiß mit der Prise Salz steifschlagen und locker unter die Masse heben. In die Puddingform füllen (bis zu 3/4 der Höhe da der Teig aufgeht!) und den Deckel schließen.

Im Wasserbad bei kleiner Wärmestufe 60 - 70 Minuten kochen lassen. Dann den Deckel der Form abnehmen, den Pudding etwas abdampfen lassen und auf eine Platte stürzen.

Mit leicht geschlagener süßer Sahne und geraspelter Schokolade servieren.

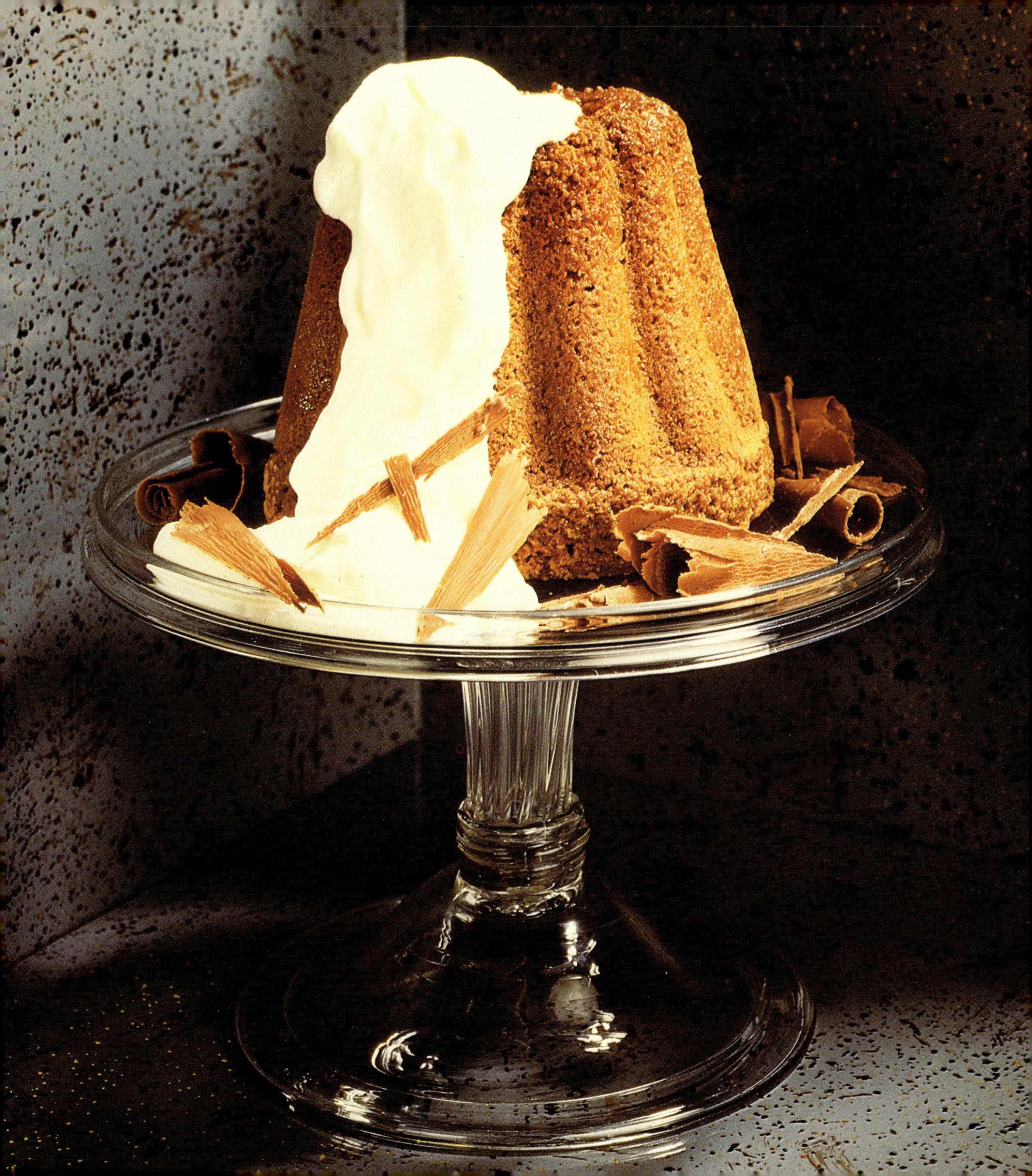

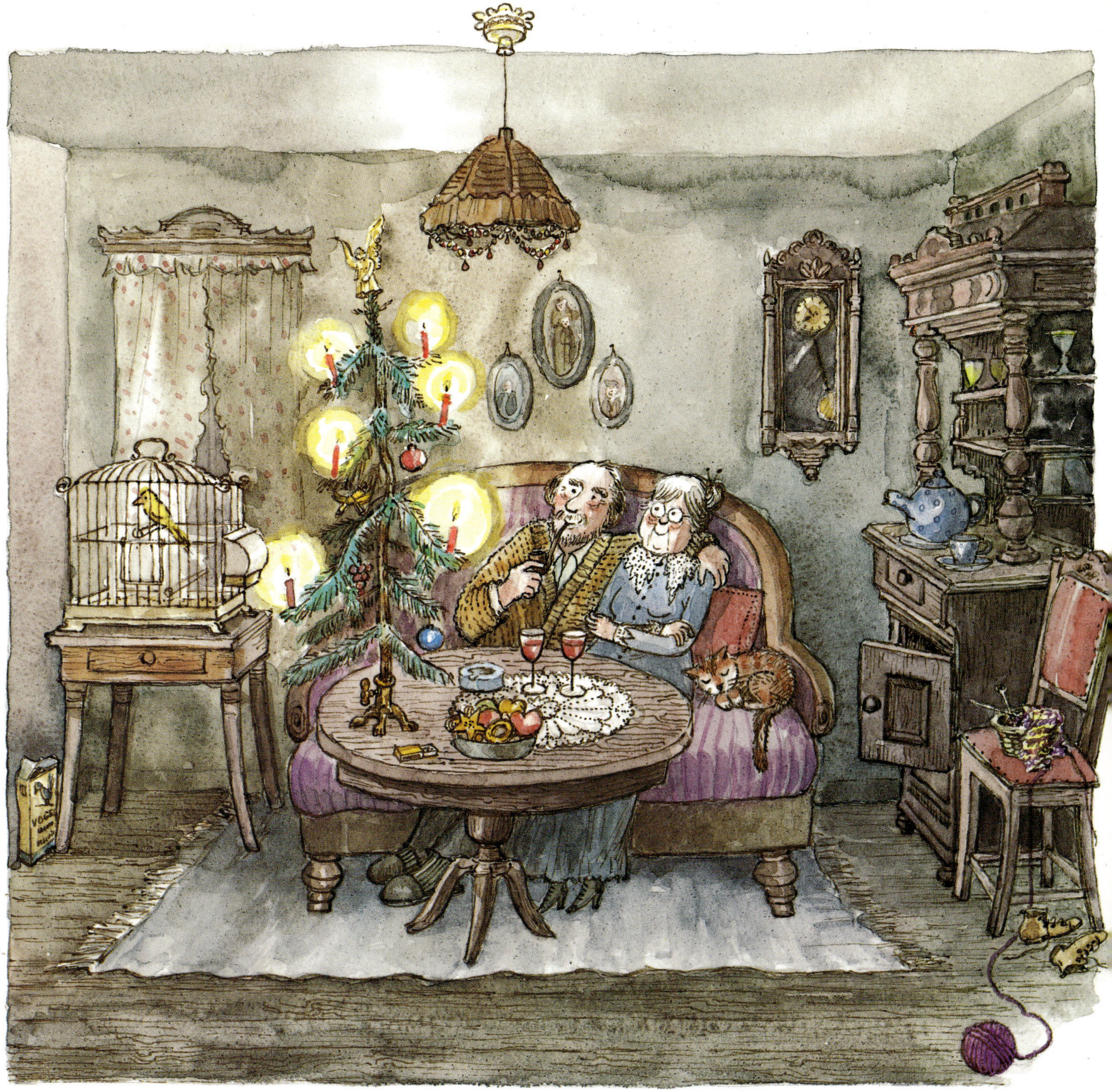

A schene Ficht'n

"Du, Mutter, is der Baum eigentlich scho da?"
"Was für a Baum...?"
"Na, der Christbaum halt! Wer denn sonst?!"
"Du weißt doch genau, daß ma uns des heuer net leist'n können, wo alles so teuer wor'n is..."
"Ah, geh! Des gibt's doch gar net! Oan Fünfer wirst ja wohl noch in der Haushaltskasse hab'n. Oder?"
"Oan Fünfer... eam schaug an, oan Fünfer!
Ja, meinst denn du, daß du heutzutage für oan Fünfer noch oan Christbaum kriegst... Bei den Preisen!?
Bitte, wennst meinst, daß'd einen findest - da hast oan Fünfer!"
Und dann is er loszog'n, der Alte. Kalt war's, g'schneit hat's und Geschäfte war'n schon längst alle zu.
Quer und rundum durch die Stadt is er g'rennt. Aber wo hätt' er mitt'n in der Stadt einen Tannenbaum finden solln, um die Zeit...?
Da is er an einem Platz vorbeikommen, wo's sonst allweil die teuren Bäum verkaufen - aber da war halt auch nix mehr!
Ein paar z'sammengelatschte Tannenzweige sind noch rumgelegen, aber sonst gar nix mehr...
Da sieht er plötzlich zwischen zwei Aschentonnen ein kleines Bäumerl steh'n. A Ficht'n!
Also, nur dem Namen nach - weil, schön war's ja wirklich net!
Ein bisserl krum und schief war's und ein paar Nad'ln war'n schon obag'fall'n.
Da is ihm plötzlich warm word'n ums Herz! Da ist's ihm vorkommen, als ob des Bäumerl zu ihm red'n dat!
"Geh, nimm mi halt mit...! Mich hat keiner woll'n... Ich möcht auch in einer Stub'n steh'n und Weihnacht feiern!"

Da hat er's mitg'nommen!
Dahoam ham's es dann auf a kloans Tischerl naufgstellt und naufghängt, was no g'funden hab'n.
Auf de Spitzn as ausbleichte Rauschgoldengerl, des noch von der Oma war, und vui Lametta, Kugeln und Kerzen.
Dann ham's es ozündt.
Und wia des kloane Bäumerl so richtig g'strahlt hat, hat er zu seiner Frau g'sagt:
"Wenn wir uns auch heuer nix schenken können - wichtig is, daß wir zwei uns versteh'n und uns immer noch lieb hab'n!"
Dann hat er's in Arm g'nommen, hat ihr a Busserl geb'n und g'sagt:
"Fröhliche Weinachten, Mutter!
A so a scheene Ficht'n!"

schene = schöne
oan = ein
ean schaug an = ihn schau an
obag'fall'n = heruntergefallen

Ulmer Zuckerbrot

Es gehört zu den Brauchtumsgebäcken der Weihnachtszeit und wurde zur Christmette mit in die Kirche genommen, wo es geweiht wurde.

Die Hefe in der lauwarmen Milch auflösen und nach und nach alle angegebenen Zutaten zugeben und zu einem festen Teig verkneten. 15 Minuten ruhen lassen, erneut durchkneten und nochmals ca 15 Minuten ruhen lassen. 3 Teigstücke von ca. je 550 g abwiegen. Den Teig erneut durchkneten, länglich formen und in eine Kastenform, die gefettet wurde, legen. Die Teigoberfläche mit Wasser oder Milch bepinseln und in den auf 230° vorgeheizten Backofen schieben. Nach 20 Minuten auf 200° zurückschalten und noch ca. 45 Minuten gut ausbacken. Nach einem Tag kann man das Brot in dünne Scheiben schneiden und auf dem Backblech wie Zwieback von beiden Seiten rösten.

75 g Hefe
300 ccm Milch
1 kg Mehl (Type 550)
12 g Salz
70 g Zucker
80 g Butter
10 g Schmalz
10 g Anis
10 g Fenchel
150 ccm Madeira-Wein
6 g Rosenwasser
12 g Rum

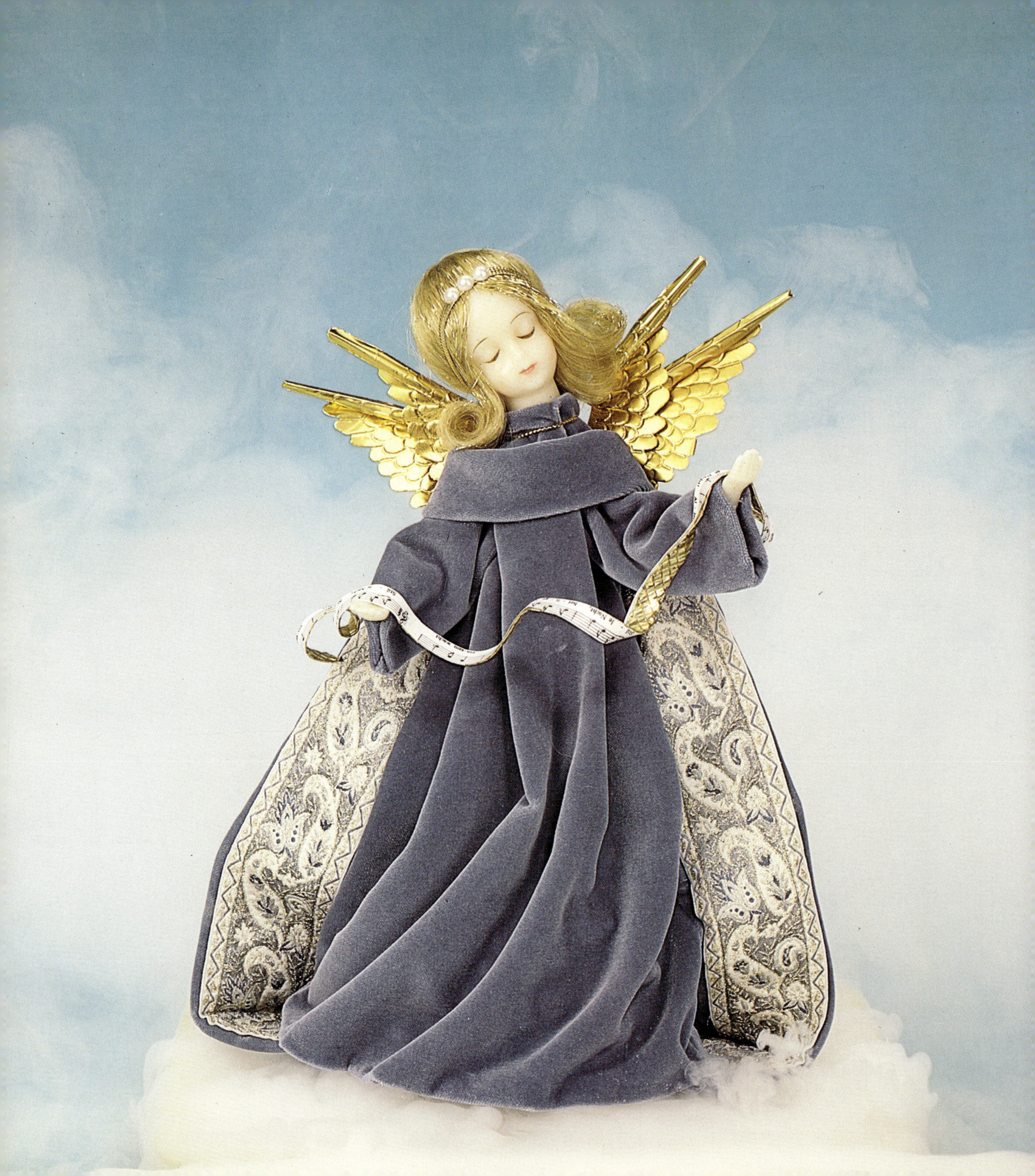

Oamoi im Jahr

Oamoi im Jahr is Weihnachten!
Oamoi im Jahr erinnern mir uns an Worte
wie Menschlichkeit, Brüderlichkeit und
Dankbarkeit.

Oamoi im Jahr foid uns des Wort Frieden ei!

Oamoi im Jahr denken wir an oan,
dens geboren ham,
damit mir nie vergessen,
daß mir alle Menschen san.

Oamoi im Jahr wern mia nachdenklich,
ruhig und zufrieden.

Nur oamoi im Jahr is Weihnachten!

Für mi kannt's allawei Weihnachten sei!

Oamoi = einmal
foid ei = einfallen bzw. fällt uns ein
oan = einen bzw. an einen

Zum guten Schluß

Die in diesem Buch von Gustl Bayrhammer vorgestellten Erzählungen, Gedichte und Lieder sind auch auf Schallplatte, Musikcassette (MC) und CD erhältlich.

"Wenn der erste Schnee fällt..."
.... mit Gustl Bayrhammer, der Neurieder Stub'n-Musi, dem Germeringer Drei-G'sang und den Neukeferloher-Buam.

LP   Bestell-Nummer   PM 15 002-C
MC   Bestell-Nummer   PM 15 502-C

"Jetzt zünd't ma d'Kerzen an"
mit Gustl Bayrhammer, der Neurieder Stub'n-Musi, dem Kreuzpullacher-Advent-Chor, den Turmbläsern der Staats-Oper München und dem Deisenhofener Drei-G'sang.

LP   Bestell-Nummer   1791 Independent
MC   Bestell-Nummer   1792 Independent
CD   Bestell-Nummer   1793 Independent

Erhältlich in Schallplattengeschäften oder direkt über den Ludwig Verlag, Postfach, 8068 Pfaffenhofen/Ilm.
Der Versand erfolgt per Nachnahme.